부모코칭, 장애아동 부모상담으로 만나는

미술치료 열두 달 프로그램 VI

최외선 · 김갑숙 · 서소희 · 류미련 · 강수현 · 조효주 · 박금채 공저

학지사

머리말

왜 부모와 만나는 미술치료인가

누구나 처음으로 부모가 된다. 부모로서의 삶은 아이의 탄생과 함께 시작되는 처음 경험하는 세상이다. 때때로 부모는 자신이 한 번도 경험해 보지 못한 것, 한 번도 받아 보지 못한 것을 아이에게 주어야 하는 당황스러운 상황에 놓이기도 한다. 또 아이에게 무엇이 필요한지 몰라서 혼란에 빠지기도 한다. 아이에게도 부모는 처음 만나는 세상이다. 첫 세상을 어떻게 경험하느냐에 따라 세상이 살만한 곳이라고 느끼기도 하고 그렇지 않은 곳이라고 느끼기도 한다. 아이의 일생에 부모는 아주 중요한 환경이다.

"우리 아이가 왜 이럴까요?"라고 말하며 아이의 손을 꼭 잡고 치료실을 찾아오는 부모를 만나게 된다. 아이에게 특별한 문제가 없고 부모에게도 별다른 문제가 없을 경우에는 아이가 자라면서 발달단계에 따라 경험하게 되는 다양한 발달과업과 적응의 과정을 부모가 이해하도록 도와주면 된다. 부모 자신의 문제가 아이에게 흘러 들어가 어려움을 겪는 경우도 있다. 이런 경우 부모가 자신의 문제와 아이의 문제를 분리하고 부모로서 자신의 자리를 찾아가도록 돕는 과정이 필요하다. 아이에게 장애가 있는 경우에는 부모가 아이에게 조금 특별한 관심과 도움을 주도록 도와야 한다. 그리고 아이의 장애로 인해 경험하게 되는 부모의 심리적 고통을 경감시키고 장애를 수용하고 적응해

가도록 도움이 필요하다.

부모와 함께 하는 미술치료는 미술의 은유적 표현과 다양한 매체를 통해 보다 자연스럽게 숨겨진 마음을 표현하도록 돕고 심리적 이완을 가져온다. 미술작업은 방어적이고 회피적인 심리적 저항을 덜어 주고 왜곡된 감정을 직면하게 하는 매개 역할을 한다. 또 미술작업을 통해 시각화된 자신의 마음을 보다 객관적으로 바라보는 데 도움이 된다. 부모는 미술치료에서 이미지를 통해 정서적 체험과 통찰을 얻고, 승화의 경험을 통해 좌절을 견디는 힘을 키울 수 있다.

왜 워크북을 만드나

치료실에서 아이들을 만나면서 치료사가 만나게 되는 사람은 아이뿐만이 아니다. 아이의 환경이 되어 주는 부모를 함께 만나게 된다. 부모의 변화가 아이의 긍정적인 변화를 이끌어 내는 것을 종종 보게 된다. 그리고 장애를 가진 아이를 부모가 어떻게 돌보느냐에 따라 예후가 달라지는 것을 현장에서 경험하게 된다. 임상현장에서 다양한 부모를 만나면서 '어떻게 부모를 도울 것인가' 하는 고민들이 모여서 미술치료 기법 하나하나가 만들어지고 현장에서 다듬어져서 지금의 열두 달 프로그램이 완성되었다. 그리고 이런 값진 경험을 같은 고민을 하는 분들과 나누고자 워크북을 만들게 되었다.

어떻게 구성되어 있나

6권에서는 열두 달을 여섯 달로 나누어 '부모코칭으로 만나는 여섯 달', '장애아동 부모상담으로 만나는 여섯 달'의 두 개 영역으로 구성하였다. 각 영역은 '알고 가기' '짚고 가기' '함께 가기'로 구성되어 있다. '알고 가기'에는 중요한 용어의 정의와 특성에 대한 내용을 담았다. '짚고 가기'에는 '함께 가기'에서 다루고자 하는 주제의 중요성과 기법의 기대 효과에 대해 치료사의 경험과 이론을 접목하여 짚어 보았다. '함께 가기'에는 부모와 만나서 함께 할 수 있는 미술치료 기법을 담았다. 영역별로 치료적으로 중요한 4가지 주제를 정하고 각 주제에 따라 점진적이고 순차적으로 접근할 수 있도록 3개의 미술치료 기법을 소개하였다.

어떻게 사용할까

이 책에서는 하나의 주제 안에 3개의 미술치료 기법을 소개하고 있지만 내담자에 따라서는 각 기법을 더 많은 세부단계로 나누어 탐색해야 할 경우도 있다. 독자들이 만나는 내담자에게 맞는 방법을 찾아나가는 데 이 책이 가이드라인으로 활용되기를 바란다. 부모를 대상으로 고안한 내용이지만 주제, 목표, 매체 등을 고려하여 다양한 대상으로 적용할 수 있다. 또한 개인미술치료뿐 아니라 집단미술치료로도 적용할 수 있다.

끝으로

6번째 미술치료 열두 달 프로그램이 세상에 나오기까지 마음을 모아 함께 고민하며 아낌없는 조언으로 도움을 주신 분들과 보이지 않는 곳에서 응원해 주신 분들께 감사의 마음을 전한다. 그리고 이 책의 출판을 허락해 주신 학지사 김진환 사장님, 교정과 편집을 위해 수고해 주신 이상경 대리님께 감사 드린다.

2016년 10월
저자 일동

부모코칭

부모코칭으로 만나는 여섯 달

장애아동 부모상담

장애아동 부모상담으로 만나는 여섯 달

부모코칭

부모코칭으로 만나는 여섯 달

알고 가기

함께 가기

알고 가기

1. 정의

1) 코칭

한 개인이나 그룹이 현재 있는 지점에서 그들이 바라는 더 유능하고 만족스러운 지점까지 나아가도록 인도하는 기술이자 행위를 코칭이라 한다. 코칭은 문제해결에 중심을 두는 상담과 달리 가능성에 초점을 맞추어 사람들이 목표를 설정하고 좀 더 보람 있는 미래를 향해 나아가도록 돕는다.

2) 부모코칭

부모코칭은 부모가 자녀로 하여금 잠재력을 최대한 발휘하여 행복한 성공을 이룰 수 있도록 지지하는 양방향적 의사소통 시스템이다.

부모가 자녀를 양육하는 역할을 수행하면서 자녀에 대한 이해와 자녀 발달과정에 대한 지식을 습득할 필요가 있으며, 부모들로 하여금 자신들의 습관적인 양육방법을 재검토하고, 자녀 양육의 새로운 방법을 습득하도록 도와주는 다양한 교육적 경험이 제공되어야 한다.

2. 부모코칭의 특성

1) 코치의 역할

- 코칭에서 코치는 문제를 해결하기 위해 한 사람의 과거를 여행하거나, 당시의 행동을 지나치게 연구하지 않는다. 코칭은 미래지향적이다.
- 코치는 진단하거나 해결책을 제시하지 않는다. 코치는 코칭을 받는 사람이 기술을 향상하거나 변화 또는 목표를 달성할 수 있도록 촉진시키는 역할을 한다. 코칭은 그 해결책을 스스로 발견하게 하고 추후 그 해결책을 스스로 재생산할 수 있도록 과정을 공유하고 그 능력을 갖도록 하는 것이 목적이다.
- 코치는 코칭을 받는 사람과 수평적 파트너십 관계이며, 깊은 개입이 있을 필요가 없다. 수평적인 파트너십 관계에서 개인의 성장 가능성과 잠재력을 향상시키기 위한 자기인식을 통해 자발적 행동과 학습을 촉진하고 성장과 발전을 지원한다.

2) 부모코칭 목표

(1) 인지적 부조화(Cognitive Dissonance) 관점

인간은 태도와 신념, 의견에서 일관성을 추구한다. 자녀 양육에 있어서 양육태도와 방법에 일관성이 없을 때 적절한 자녀 양육에 대한 코칭이 필요하다. 이러한 코칭 과정은 부모의 자녀 양육 목표에 집중하고 목표를 달성하기 위해 태도와 신념, 행동간의 일관성을 유지할 수 있도록 돕는다.

(2) 구성주의(Constructivism) 관점

학습자를 감화시키기 위해 세상에 대한 학습자의 지각과 전제를 이해하여야 한다. 코치는 부모가 자신의 양육목표와 비전을 중심으로 세부사항을 조직화하도록 돕는다.

부모 스스로 설정한 목표를 지속적으로 일깨우는 방향으로 대화를 전개해 나가면서 부모의 세계관을 바탕으로 코칭을 진행해야 한다. 전체 코칭 과정은 부모 스스로 해답을 찾아 의미를 부여하는 과정 중심으로 조직되어야 한다.

(3) 통제이론(Control Theory) 관점

행동은 외부자극이 아닌 주어진 시점에 무엇을 가장 원하는가에 의해 촉발된다. 즉 코칭은 부모가 원하는 것 중심으로 이루어져야 한다.

(4) 경험학습(Experiential Learning) 관점

부모코칭은 부모의 요구사항을 중심으로 진행된다. 부모는 스스로 자녀 양육에 대한 명확한 목표를 수립하고 코칭 과정에 적극적으로 참여하여야 한다. 부모코칭 과정의 가장 중요한 열쇠는 부모의 통찰력과 자기평가 능력이다.

3) 부모코칭 모델

(1) 1단계-초점 맞추기

신뢰감을 형성하고 충분히 경험을 나누며 프로그램의 목표와 대화의 주제를 선정하는 주제가 형성된다.

(2) 2단계-가능성 발견하기

부모로서 자녀를 잘 양육하고 스스로를 긍정적으로 인식하는 가능성 발견을 위한 부모와 자녀 간의 상호존중의 개념을 이해한다. 선택권 주기, 보살피는 자로서 자신 돌보기에 대한 현재 실태를 파악하고 부모코칭의 가능성을 발견한다.

(3) 3단계-실행계획 수립과 실행단계

문제점보다는 기대하는 성과에 초점을 맞추고 계획을 세부적으로 구체화하여 활용할 수 있는 자원을 검토하여 계획한 내용을 실행하는 것이다. 경청의 중요성을 인식하고 자녀와의 의사소통 과정에서 협동심을 구한다. 부모 자신의 의사를 자녀에게 효과적으로 전달하기 위해 올바른 훈육방법을 익히고 부모만의 훈육방법을 설계한다.

(4) 4단계-장애요소 제거 단계

필요한 자원이 무엇인지를 알고 실행하는 데 장애요소가 무엇인지를 파악하고 장애요소를 제거하기 위해 필요한 부분을 검토하여 실천해야 할 목록을 명확히 한다. 문제상황에서 자녀 행동의 이유와 목적을 이해하고 자신의 경험을 생각해 봄으로써 부모자신이 느끼는 분노의 원인과 분노 상황, 분노를 긍정적으로 표출하고, 해결하는 방법에 대해 알아본다.

(5) 5단계-마무리와 전체 회기 평가

이제까지 배운 내용과 앞으로의 실천의지를 확인하며 목표에서 누락된 내용이 없는지 찾아보는 과정을 가지며 프로그램의 효과를 다시 평가할 날짜를 정한다.

4) 코칭에서 주로 다루는 부모의 역할 문제

- 바람직한 칭찬 표현 방법 찾기
- 자녀와의 의사소통에 걸림돌이 되는 부모의 표현 방식 찾기
- 자신은 그동안 자녀의 말을 얼마나 적극적으로 경청하였는지 생각하기
- 자녀의 감정 표현에 어떻게 반응해 왔고 수정해야 하는지 살펴보기
- 자녀에게 요청하기
- 자녀에게 긍정의 감정과 부정의 감정을 효과적으로 표현하기(분노감정 다루기, 격려

하기)

- 규칙의 중요성 인식하기
- 어떤 문제가 발생하였을 때 누가 그 문제의 소유인지 결정하고 다루기
- 자신의 의무를 다하고 상황이 요구하는 대로 올바른 행동을 하고 자신의 행동에 대한 책임을 받아들일 수 있도록 자녀에게 훈육과 교정하기

함께 가기

1 감정 코칭

짚고 가기

부모가 자녀의 감정을 잘 읽지 못하고 단순히 자녀의 행동에 대해서만 반응한다면 자녀는 부모에게 이해받지 못한다고 느낀다. 그래서 부모가 자녀의 감정을 알아차리고, 자녀가 스스로 감정에 대해 배울 수 있도록 부모와 자녀가 정서를 교감하며 경험을 나누는 것은 아주 중요하다. 자신의 감정에 솔직한 부모가 자녀의 감정도 잘 알 수 있다. 부모가 감정코칭을 연습하면 자신의 감정을 잘 모르거나 적절하게 표현하지 못하는 자녀에게 감정을 언어화하여 잘 전달할 수 있게 된다.

감정코칭의 목표는 부모와 자녀 간에 대화의 길이 되어 주어 서로를 이해할 수 있게 하는 것이다. 감정코칭을 하기 위해서는 우선적으로 자녀의 소소한 감정을 인식할 수 있어야 하고, 자녀의 감정 표현들을 감정코칭을 할 수 있는 기회로 볼 수 있어야 한다. 감정코칭을 잘하기 위해서는 이해심을 가지고 귀 기울여 들으며 자녀의 감정을 이해한다는 점을 전달하고, 화가 나는 상황에서도 자녀가 문제를 적절한 방식으로 해결할 수 있게 도와줄 수 있어야 한다.

적절한 감정코칭은 자녀에게 주의집중력 향상과 학습능력 향상, 감정 조절능력 향상, 행동문제의 감소 등 다양한 결과를 기대할 수 있게 한다. 그리고 무엇보다 다른 사람과 감정을 공감하는 경험을 통해 건강한 자아를 형성하고 자존감을 높여 줄 수 있다.

부모를 통해 감정을 잘 다루는 능력을 습득한 자녀는 새롭게 부딪히는 문제들에 직면할 때 잠재적인 능력을 발휘할 수 있다. 그러므로 부모는 감정코칭에 대해 잘 알고 자녀의 특성과 기질에 맞는 코칭을 해 주어야 한다. 부모는 감정을 다양한 방법으로 표현할 수 있는 미술치료를 통해 효과적인 감정코칭에 대해 경험하고 습득할 수 있다.

함께 가기에서는 자신의 감정을 인식하고 타인에게는 자주 표현하지 않는 부정적 감정을 유독 자녀에게만 드러내는 경우에 대해 탐색하여 변화를 시도할 수 있다. 그리고 사진을 활용하여 자신의 감정이 제3자의 눈이나 낯선 사진에 투사된 모습을 보며 자신의 감정을 인식하고 좀 더 객관적으로 볼 수 있다. 데칼코마니 작업을 통해 원부모의 감정 표현과 자신의 감정 표현 간의 관계에 대해 살펴보고, 자신의 감정 표현이 자녀의 감정 표현에 미치는 영향과 그 결과에 대해 예측하여 바람직한 감정 표현을 습득할 수 있다.

1 감정인식표

▌목표

1. 부모가 자녀에게 주로 표현하는 감정의 유형과 표현의 정도를 탐색할 수 있다.
2. 자녀가 부모에게 원하는 감정의 유형과 표현의 정도를 이해하여 부모의 감정을 조절하여 표현할 수 있다.

▌준비물

시력검사표 샘플, 도화지, 색연필 또는 사인펜, 가위, 풀

▌활동방법

1. 시력검사표 샘플을 살펴보고 시력검사표는 어떻게 구성되어 있는지 이야기 나눈다.
2. 시력검사를 할 때 시력검사표에서 잘 보이는 것과 잘 보이지 않는 것의 차이는 무엇인지, 시력도수별 도형, 문자, 그림의 크기는 어떻게 달라지는지 이야기 나눈다.
3. 시력검사표 상단에 크고, 굵고, 진해서 잘 보이는 숫자나 그림처럼 자신이 표현하는 감정도 자주 드러내서 다른 사람이나 자신에게 아주 잘 보이는 감정이 있고, 시력검사표 중간 부분처럼 가끔씩 표현해서 잘 보이지 않는 감정도 있고, 시력검사표 하단에 너무 작고, 희미해서 잘 보이지 않는 숫자나 그림처럼 드물게 표현해서 거의 보이지 않는 감정도 있다는 것을 알고 자신의 경우는 어떠한지 탐색한다.

4. 감정을 상징으로 나타내서 그리는 방법, 얼굴 표정 또는 날씨로 표현하여 그리는 방법 중 한 가지를 선택한다.

5. 평소에 자신이 타인에게 자주 드러내어 표현하는 감정을 상단부터 크게 그리기 시작해서 가끔씩 표현하거나 숨겨 놓은 감정일수록 하단 쪽으로 작아지도록 감정인식표를 그린다(감정과 표현의 정도를 시력검사표의 시력처럼 대·중·소, 자주·가끔·드물게, 또는 점수로 나타낸다).

6. 평소에 자신이 자녀에게 자주 드러내는 감정은 무엇인지, 가끔씩 표현하는 감정이나 숨겨 놓은 감정은 무엇인지 탐색한 후 새 도화지에 '활동방법 5'와 같이 감정인식표를 그린다.

7. 평소 타인에 대한 감정인식표와 자녀에 대한 감정인식표를 비교해 보면서 서로 다른 점과 그 이유를 탐색한다.

8. 자녀에게 자주 드러내 보이면 좋을 감정과 가끔씩 표현하거나 숨겨 놓으면 좋을 것 같은 감정은 무엇인지 생각해 보고 자녀에 대한 감정인식표를 오려서 재구성해서 붙인다.

9. 활동 후 느낀 점에 대해서 이야기 나눈다.

☆ 이렇게도 할 수 있어요

'활동방법 6'에서 자녀와 함께 작업이 가능하다면 평소에 부모가 타인에게 자주 표현하는 감정인식표와 자신에게 자주 표현하는 감정인식표를 자녀가 그리도록 한다.
'활동방법 8'에서 자녀와 함께 작업이 가능하다면 부모가 자녀 입장에서 자녀에게 평소 보여 주는 감정인식표를 그리고 자녀가 부모에게 원하는 감정인식표를 그린 후 함께 재구성하는 작업을 하면 더욱 좋다.

사례 1. 중학교 1학년 남학생의 어머니

내담자의 타인에 대한 감정인식표

　내담자가 평소 타인에게 많이 드러내는 감정은 10점 만점에 7점 정도의 편안하고 유쾌하며 고마운 마음을 표현하는 긍정적인 감정이었다. 슬픔이나 삐짐, 서운함과 조심스러움은 3점 정도로 드물게 나타나는 감정이었고 타인에게 화를 내는 것은 2점, 짜증을 내거나 배신감, 피곤, 외로움의 감정을 표현하는 경우는 1점으로 극히 드물게 나타나는 감정이었다.

타인에 대한 감정인식표

내담자의 자녀에 대한 감정인식표

　내담자가 자녀에게 10점 만점에 5점 정도로 주로 드러내는 감정은 타인에게는 잘 나타내지 않는 짜증과 화를 내는 것이었다. 자녀에게 2점 정도로 가장 드물게 나타내는 감정은 고마움, 감동, 사랑이었다. 자녀를 사랑하는 마음은 많이 있지만 일상생활 속에서는 양육에 대한 스트레스와 자녀에 대한 기대 등으로 고마움과 같은 긍정적인 감정 보다는 짜증이나 화를 많이 내는 것 같다고 하였다.

　내담자는 자녀에 대한 감정인식표를 만들면서 고마움, 감동, 사랑의 긍정적인 감정들을 10점 만점에 2점 정도로 밖에 자녀에게 표현하지 못한 것에 대해 너무 미안하다는 생각이 든다고 하였다.

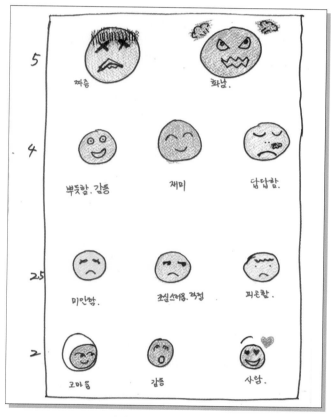

자녀에 대한 감정인식표

내담자의 자녀에 대한 감정인식표 재구성

재구성하여 새롭게 만든 자녀에 대한 감정인식표에는 내담자가 자녀를 사랑하는 마음을 적극 반영하여 타인에게 많이 표현하는 편안함, 유쾌함, 고마움을 가장 많이 표현해 주어야겠다고 하였다. 그리고 더 많이 사랑한다고 표현하고 자녀의 모습을 긍정적으로 바라볼 수 있도록 노력해야겠다는 이야기를 하면서 감동이라는 감정도 붙였다.

평소 내담자가 자녀에게 많이 표현하는 감정인 짜증, 피곤, 화, 미안함, 슬픔은 가장 낮은 1점으로 내려서 가능한 한 부정적인 감정 표현을 자녀에게 하지 않겠다는 내담자의 의지를 표현하였다.

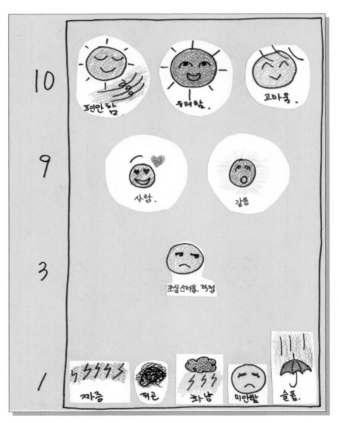

재구성한 자녀에 대한 감정인식표

사례 2.　　　　　　　　　　　　　　　　　　　초등학교 5학년 남학생과 어머니

내담자와 자녀의 공동 작업

내담자 작업: 내담자의 자녀에 대한 감정인식표

　내담자가 10점 만점에 10점 정도로 자녀에게 많이 드러내어 표현하는 감정은 행복과 기쁨으로 사랑해, 자녀를 축복하는 기도, 웃음이다. 5점 정도로 표현하는 감정은 칭찬과 뿌듯함인데 '너가 최고'란 칭찬과 동시에 잔소리도 많이 한다고 표현하였다. 내담자가 자녀에게 가장 드물게 표현하는 감정은 화라고 하였다.

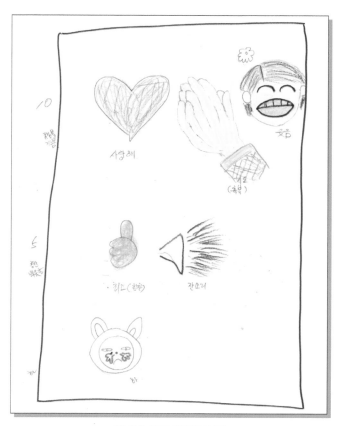

자녀에 대한 감정인식표

자녀 작업: 내담자의 타인에 대한 감정인식표

자녀에게 내담자가 평소 자신을 제외한 가족과 다른 사람들에게 자주 드러내어 표현하는 감정은 어떤 것들이 있는지 감정인식표를 만들어 보자고 하였다. 자녀는 대, 중, 소로 나눠서 내담자가 가장 많이 드러 내어 표현하는 감정은 가족들과 친구들에게 맛있는 것을 많이 사 줄 때의 기쁨과 베짱이처럼 집안일에 대한 귀찮음, 그리고 피곤함이라고 하였다. 중간 정도로 많이 표현하는 감정은 번개가 치는 것 같은 화, 풍선 바람이 빠지는 것처럼 힘없음, 답답하다고 내쉬는 한숨이라고 하였다. 내담자가 다른 사람에게 표현 하는 것을 자주 보지 못한 감정으로는 부끄러움과 슬픔과 불안감이라고 하였다.

자녀가 표현한 내담자의 타인에 대한 감정인식표

자녀 작업: 내담자의 자녀에 대한 감정인식표

　자녀에게 내담자가 자신에게 자주 표현하는 감정은 어떤 감정들이 있는지 그려 보자고 하니 자녀는 내담자가 감정을 표현하는 정도를 特大, 中, 작음으로 나누었다. 特大 정도로 내담자가 자신에게 많이 드러나게 표현하는 감정은 허무, 원망, 짜증, 분노와 피로라고 하였다. 中 정도로 자주 드러내어 표현하는 감정은 혼란과 폭탄 속에 들어 있는 심심함이라고 하였다. 작음 정도로 거의 드러내지 않고, 표현하지 않는 감정은 '너 때문에 살맛 난다.'라고 하였다.

자녀가 표현한 내담자의 자녀에 대한 감정인식표

　내담자에게 자녀가 표현한 감정인식표를 보면서 어떤 생각이 드는지 질문하니 자신은 자녀에게 아주 긍정적인 감정을 표현하려고 노력했던 것 같은데 막상 자녀가 이렇게 온통 부정적인 감정만 기억하고 있는 것을 보니 가슴이 철렁하고 깜짝 놀랐다고 하였다. 자신은 자녀의 행동을 고치기 위한 잔소리라고 생각했던 것을 자녀는 원망과 짜증, 분노로 받아들였다고 생각하니 미안한 마음도 들고, 앞으로 어떻게 해야 하는가에 대한 막막함도 느껴진다고 하였다.

내담자와 자녀의 공동 작업: 내담자의 자녀에 대한 감정인식표 재구성

자녀와 함께 내담자가 자녀에게 자주 표현해 주면 좋을 것 같은 감정들부터 찾아서 자녀가 원하는 내담자의 감정인식표를 공동으로 만드는 작업을 진행하였다.

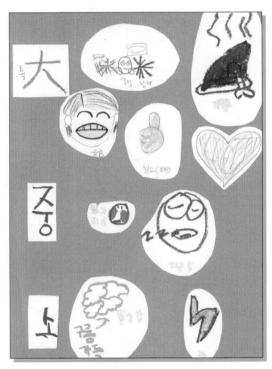

재구성한 자녀에 대한 감정인식표

내담자는 작업을 하며 자신의 마음은 분명 자녀를 향한 사랑인데 표현하는 방법과 얼굴 표정, 말투에 따라 자녀는 자신의 사랑을 느끼지 못하고 짜증과 분노로만 느낄 수도 있겠다는 생각이 들었다고 하였다. 그래서 앞으로는 자신이 표현하는 감정이 어떤 것인지, 예를 들어 '엄마가 지금 화가 난 것은 아닌데 좀 당황해서'라고 자신의 감정을 언어화해서 자녀에게 명확하게 전달하는 것이 필요할 것 같다는 생각이 든다고 하였다. 그 말을 듣자 자녀도 내담자에게 "엄마, 지금 저 때문에 화나신 거예요?"라고 물어보면서 내담자가 자신에게 표현한 감정을 언어화해서 표현해 주는 것이 좋겠다고 하였다.

상대가 오해하거나 잘못 받아들이지 않게 감정을 잘 전달하는 연습이 필요할 것 같고 부정적 감정보다는 긍정적 감정을 자주, 많이 표현할 수 있도록 노력해야겠다고 다짐하며 작업을 마쳤다.

▎Tip

시력검사표*

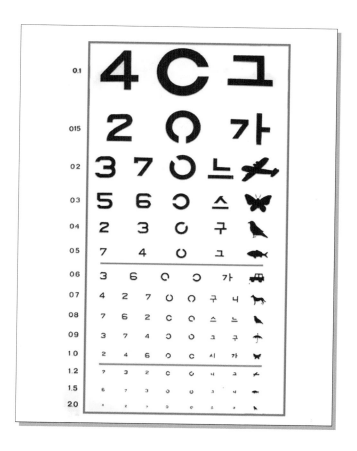

＊출처: http://vezita2.blog.me/120039149777

2 블루 데이(blue day)

▎목표

1. 자녀를 양육하면서 가장 많이 느끼는 감정이 무엇인지 탐색할 수 있다.
2. 자녀에게 더 많이 표현해야 하는 감정과 절제하거나 조절해야 하는 감정을 알아볼 수 있다.

▎준비물

책 『누구에게나 우울한 날은 있다』, 색도화지, 사인펜, 볼펜, 가위, 풀

▎활동방법

1. 책 『누구에게나 우울한 날은 있다』를 읽는다.
2. 동물들의 생생한 표정 사진과 짧지만 깊은 공감을 주는 글이 어우러진 책을 읽으며 어떤 생각을 하게 되었는지 이야기 나눈다.
3. 자녀를 양육하면서 최근 가장 많이 느끼는 감정이 무엇인지 생각한 후 책에서 그 감정이 느껴지는 사진 3장을 찾아 복사하거나 카메라로 찍어서 출력한다.
4. 복사하거나 출력한 3장의 사진을 가위로 오려 색도화지에 붙이고 사진에서 느껴지는 감정을 글로 적는다.
5. 자녀에게 느끼는 주된 감정은 무엇이고, 그 감정이 자녀에게 미치는 영향은 무엇

인지 알아본다.

6. 자녀에게 더 많이 표현하고 싶은 감정과 절제하거나 조절해야 하는 감정을 찾는다.

7. 활동 후 느낀 점에 대해서 이야기 나눈다.

⭐ **이렇게도 할 수 있어요**

'활동방법 2, 3'에서 자녀를 양육하면서 최근 가장 많이 느끼는 감정을 책에서 찾아 스마트폰 카메라로 찍은 후 사진에서 느껴지는 감정을 스마트폰의 사진 편집 애플리케이션(예: 갤러리, Fotorus, PhotoWonder 등)을 이용하여 글을 적을 수도 있다.

사례 1. 중학교 1학년 남학생의 어머니

내담자는 책에 있는 사진 중에 마음에 드는 사진이 많다고 하였다. 여러 사진 중 자녀를 양육하면서 느끼게 되는 감정을 찾아 살펴보니 신기하게도 현재의 마음 상태와 비슷한 사진들을 선택하게 되는 것 같다고 하였다. 사진 밑에 적혀 있는 글귀들이 좀 더 자신의 마음을 잘 표현해 주는 것 같아 더 마음에 든다고 하였다.

내담자는 상담 초기에 경제적인 어려움과 자녀의 진로 문제로 고민이 되어 우울한 기분을 느낀다고 이야기하였다. 가장 먼저 선택한 사진도 우울함과 무기력에 빠진 자신의 상태를 나타낸다고 이야기하였다. 내담자는 곰들을 보니 우울함과 무기력에 빠져 아무것도 안 하고 싶은 자신의 모습과 같다고 하였다. 즐거운 날보다는 우울한 날이 더 많고, 그 우울함이 자신에게 슬픔을 가져다준다고 하였다.

우울함과 무기력에 빠진 나

매일같이 울고 있는 내 모습

내담자는 작은 나뭇가지에 몸을 숨기려는 것처럼 보이는 어리석은 토끼를 보며 숨으려고 해도 숨을 수 없는 현실이 자신의 처지와 같아 보인다고 하였다.

어리석음

내담자가 자녀에게 느끼는 주된 감정은 귀찮음이어서 자녀가 옆에 와서 스킨십을 하려고 하거나 귀찮게 할 때 많이 혼냈는데 미안함이 느껴져 짠하다고 하였다. 자녀에게 어떻게 했나 생각해 보니 자녀가 잘하는 것은 당연한 일이고 못할 때에만 많이 혼내고 짜증을 낸 것 같다고 하였다. 자녀가 잘 했을 때에는 칭찬을 많이 해 주고 건강하게 자라 줘서 고맙다는 이야기를 해야 할 것 같다고 하였다.

양육자의 주된 감정이 자녀에게 미치는 영향과 현재 내담자가 느끼고 있는 우울함에서 벗어나기 위한 방법을 찾아보도록 코칭하였다. 내담자는 우울감에서 벗어나기 위해 새로운 취미생활을 찾아 배우면 좋을 것 같다고 하면서 새롭게 활기를 찾게 된 자신의 모습을 책에 있는 사진과 함께 글로 표현하였다. 그리고 자신의 우울한 감정이 자녀에게 미치는 영향에 대해 미안한 마음을 표현하였다. 미안한 마음을 표현하는 방법을 탐색하면서 자녀는 내담자가 해 주는 요리를 좋아하는데 최근 요리를 해 준 적이 없는 것 같다고 하면서 오늘 저녁을 자녀가 제일 좋아하는 엄마표 김치찌개를 끓여 줘야겠다고 하였다. 그리고 자녀가 안기려고 다가오면 두 팔 벌려 꼭 안아 줘야겠다고 하였다.

자녀에게 더 많이 표현하고 싶은 감정은 행복감이라고 하였다. 내담자는 펭귄이 바다로 뛰어드는 모습을 보며 새로운 것을 찾아 도전하는 것처럼 느껴진다고 하였다. 작은 것이라도 도전을 해 본다면 그 속에서 작은 행복감을 느낄 수 있을 것 같다고 하였다. 앞으로 즐거운 일이 많이 생겼으면 좋겠고 물개의 표정처럼 많이 웃었으면 좋겠다고 하였다.

새로운 시도

행복함

사례 2.

내담자는 "유년시절에 착하고 말을 잘 듣던 아이가 다 커서 왜 이렇게 애를 태우게 하는지 모르겠어요."라며 걱정스러운 얼굴로 현재 자녀의 양육에 대한 어려움을 이야기하였다. 여자친구도 있고 학교생활도 잘 하고 있다고 생각하였는데 자녀의 말로는 군대에 가려고 휴학했다고 했으나 입대 영장이 나온 것도 아니었고 학비를 걱정해야 하는 것도 아닌데 아무런 이유 없이 휴학을 한 것 같아 걱정이 된다고 하였다. 내담자는 한 번도 걱정을 안 시키던 자녀가 이런 걸로 걱정을 시킬 줄 몰랐고 부모의 입장에서 앞으로 자녀와 어떻게 해 나가야 할지 걱정스럽다고 하였다.

어머니의 작업

아루 생각 없이 그냥 돌아다니는 모습

동물 사진을 보고 있으니 내담자 자신의 감정보다는 자녀의 얼굴이 많이 떠올랐다고 이야기하였다. 펭귄이 걸어가는 모습이 꼭 아무런 생각 없이 그냥 돌아다니는 자녀의 모습처럼 보인다고 하였다. '무슨 생각을 하면서 걸어다니고 있나?'라는 생각이 들었으며 한편으로는 어디론가 혼자 가고 있는 펭귄의 모습이 참 쓸쓸하게 보인다고 하였다. 쓸쓸함이 현재 내담자가 느끼는 감정인 것 같다고 하였다.

편히 쉬는 모습이 편해보인다.

사자가 나무에 엎드려 있는 모습이 편히 쉬는 것처럼 보이고 그 모습이 참 편해 보이기도 하지만 지쳐 보이기도 한다고 하였다. 사진을 계속 들여다보니 자녀에게 어떻게 해야 할지 몰라 축 처져 있는 자신의 모습과 비슷한 것 같다고 하였다.

아무 생각이 없이 재미 있어 보인다

내담자의 자녀가 축구를 좋아하는데 원숭이가 축구공을 가지고 노는 것을 보니 아무 생각 없이 재미있어 보인다고 하였다. 인생이 열심히 달려가야 하는 것만은 아닌데 잠시 쉬어 가거나 방향을 수정할 수도 있는 것인데 원숭이의 모습을 보며 한 박자 쉬어 가는 것이 필요할 것 같다고 하였다.

　　내담자는 자녀가 스스로 할 일을 좀 편하게 잘하고 살아갔으면 좋겠다는 생각이 들어 그림 밑에 글로 마음을 표현하였다. 자녀에게 느끼는 주된 감정은 답답함이고 답답함을 자녀에게 표현해서는 안 될 것 같다는 생각이 크지만 어쩌면 자신도 모르게 이 답답함이 자녀에게 짜증으로 나타났을 것 같다고 하였다. 감정을 살펴보면서 내담자는 자신보다 자녀가 더 답답하지 않을까 하는 생각이 들었다고 하였다. 어떻게 살아야 할지 몰라 답답해하는 자녀에게 짜증을 내고 있었던 것 같아 미안하고 자녀가 원한다면 많은 경험을 할 수 있도록 해 주고 싶다고 하였다. 내담자에게 자녀가 새로운 경험을 하려고 할 때 내담자의 기준이 아닌 자녀의 기준에서 먼저 이해해 주는 것이 필요하다고 코칭해 주었다. 내담자는 학교를 휴학한 후 호프집에서 야간 아르바이트를 하고 있는 자녀의 행동이 못마땅하고 걱정되었는데 자녀의 입장에서 생각해 보고 앞으로 어떻게 할지 이야기를 나누어 봐야겠다고 하였다.

아무 생각 없이 그냥 돌아다니는 모습　　편히 쉬는 모습이 편해보인다　　아무 생각이 없이 재미 있어 보인다

우리 아이들은 살아가면서 좀 편하게 쉬어가면서 각자 할일 잘하면서 살아가면 좋겠다.

어머니의 작업: 나와 아들

아버지의 작업

내담자는 자녀의 어렸을 적 사진을 스마트폰에 저장하여 두고 좋은 글귀를 넣어 자녀에게 문자로 전송을 자주 한다고 하였다. 사진을 복사하여 사용하는 것도 좋겠지만 자신이 자주 사용하는 방법으로 해도 되는지 물어봐서 내담자가 표현하고 싶은 방법으로 할 수 있도록 하였다. 내담자가 자녀를 양육하면서 최근 가장 많이 느끼는 감정은 안타까움이었다. 안타까움이 느껴지는 사진 3장을 찾아 스마트폰으로 사진을 찍은 후 스마트폰의 노트 기능이 되는 애플리케이션을 사용하여 사진 위에 글을 적어 인화하였다.

사실 내담자는 꿈이 없는 듯한 지금 자녀의 행동이 앞으로 어떤 결과로 나타날지 예상되어 마음에 들지 않는다고 하였다. 눈을 가리고 싶은 것이 현재 자신의 마음과 같아서 원숭이가 자신의 눈이 아닌 내담자의 눈을 가려 주었으면 좋겠다고 하였다.

내담자는 자녀에게 느끼는 안타까운 감정으로 인해 자녀 주변을 많이 맴돌고 있는 것은 아닌가 하는 생각이 든다고 하였다. 자녀 몰래 지갑에 용돈을 넣어 놓거나 자녀가 아르바이트를 마치고 집에 왔을 때 거실에서 자는 척하지만 집에 올 때까지 기다려 주는 등 사소한 일에도 항상 챙겨 주고 있다고 하였다. 자녀가 늦게까지 놀다 오고 싶어도 자신이 기다린다는 것을 알면 부담스러울 것 같아 자는 척하고 있는 것이라고 하였다.

내담자는 자녀가 자기 할 일을 못해 안타깝게 하여도 사랑하는 마음은 항상 가지고 있다고 하였다. 내담자는 자녀에게 이 사진들을 보내 주고 싶다고 하면서 찍었던 사진들을 다시 재조합하여 '그래도 사랑한다, 기다린다.'라는 글을 적었다.

안타까움 1

안타까움 2

사랑하는 마음

내담자는 부모로서 자녀 스스로 경험하고 이겨 낼 수 있도록 기다려 줘야 한다는 것을 알지만 자신도 모르게 자꾸 자녀에게 재촉하는 말들을 하고 있음을 알게 되었다고 하였다. 자녀에게 좋은 것이 아님을 알기에 줄여야겠다는 생각이 들었고 "사랑한다.""아빠가 항상 옆에서 응원하고 있다.""세상을 부담스러워하지 마라." 등의 자녀에게 힘이 되는 말들을 많이 해 주어야 할 것 같다고 하였다.

아버지의 작업: 아들을 향한 마음

▌Tip

『누구에게나 우울한 날은 있다』를 읽으면서 자녀와 비슷하게 느껴지는 사진 또는 자녀에게 선물하고 싶은 사진이 있는지 찾아보고 이유에 대해서도 탐색해 볼 수 있다.

　　자녀에게 선물하고 싶은 사진과 이유의 예시

책을 읽으면서 아기 고양이가 나뭇가지에 매달려 있는 모습이 내담자 자녀의 모습과 비슷하게 보여 마음이 쓰인다고 하였다. 내담자의 자녀는 평상시에도 내담자의 눈치를 많이 살피는 편이라고 하였다. 내담자는 '매번 내 눈치를 살피고 있으니 얼마나 힘들고 피곤할까?' 라는 생각이 들어 자녀에게 미안함을 느끼고, 고양이의 눈빛이 '엄마, 나 좀 봐요.' 하고 이야기하는 것처럼 보여 애처롭다고 하였다.

3 감정 전이

▎목표

1. 자신의 감정 표현으로 인해 자녀가 받는 영향을 인식할 수 있다.
2. 자녀에게 부정적인 영향을 주는 감정 표현을 바람직한 방법으로 바꿀 수 있다.

▎준비물

OHP필름, 아크릴 물감, 유성매직

▎활동방법

1. 자신이 평소 자녀에게 많이 표현하는 감정에 대해서 이야기 나눈다.
2. OHP필름을 반으로 접은 후 왼쪽 면에 평소 자신이 자녀에게 표현하는 감정을 아크릴 물감으로 짜서 표현한다(예: 자녀에게 화나는 감정을 잘 참지 못하여 화를 자주 표현한다면 빨간색 물감을 번개 모양으로 짜서 표현한다).
3. 물감을 짜 놓은 OHP필름을 포개어서 자녀에게 표현하는 '나의 감정 표현 데칼코마니'를 만든다.
4. 자신이 자녀에게 많이 표현하는 '나의 감정 표현 데칼코마니' 작품을 보며 어떤 느낌이 드는지 이야기 나눈다. 그리고 자신이 자녀에게 많이 표현했던 감정은 어디에서 비롯되었는지 생각한다.
5. 내담자의 부모(이하 원부모로 표기)가 자신에게 많이 표현한 감정과 현재 자신이 자녀에게 표현하는 감정이 유사할 수 있음을 이해한다. 그 유사함을 표현하기 위해 물감이 마르지 않은 '나의 감정 표현 데칼코마니' 위에 반으로 접은 OHP필름 한 면을 덮어 물감을 찍어 내어 '원부모의 감정 표현 데칼코마니'를 만든다. 이때 '원

부모의 감정 표현 데칼코마니'는 '나의 감정 표현 데칼코마니'와 유사한 부분을 찾아 유사한 부분이 찍힐 수 있도록 한다(예: '나의 감정 표현 데칼코마니'에서 자녀에게 화를 많이 내서 빨간색으로 번개 모양을 그려서 데칼코마니를 만들었다.→ 원부모 또한 자신에게 화를 많이 내셨다면 '원부모의 감정 표현 데칼코마니'는 '나의 감정 표현 데칼코마니'에서 빨간색 번개모양이 나오도록 찍는다.).

6. '원부모의 감정 표현 데칼코마니' 작품에 유성매직과 아크릴 물감으로 자신과는 다른 원부모의 감정 표현을 추가하여 그리고 꾸민다.

7. '활동방법 5'와 같은 방법으로 자신이 많이 표현하는 감정과 현재 자녀가 표현하는 감정이 유사할 수 있음을 이해하고 그 유사함을 표현하기 위해 아직 물감이 마르지 않은 '나의 감정 표현 데칼코마니' 위에 반으로 접은 OHP필름의 한 면을 덮어 물감을 찍어 내어 '자녀의 감정 표현 데칼코마니'를 만든다.

8. '자녀의 감정 표현 데칼코마니' 작품에 유성매직과 아크릴 물감으로 자신과는 다른 자녀의 감정 표현을 추가하여 그리고 꾸민다.

9. 세 가지 데칼코마니 작품을 보며 원부모-자신-자녀의 감정 표현의 공통점과 차이점에는 어떠한 것들이 있는지 살펴본다.

10. 한 사람의 주된 감정과 그 감정을 표현하는 방식은 부모에게서 자녀로 전해질 수 있다는 것을 이해한다. 그리고 자신의 감정 표현으로 자녀가 받게 될 영향에 대해 이야기 나눈다.

11. 자신의 감정 표현으로 자녀가 받게 될 영향 중 부정적인 영향을 주는 감정 표현이 있다면 어떻게 바람직한 방법으로 바꿀 것인지 이야기 나눈다.

12. 활동 후 느낀 점에 대해서 이야기 나눈다.

☆ 이렇게도 할 수 있어요

'활동방법 5'에서 OHP필름을 오른쪽과 왼쪽으로 나누어 각각 아버지, 어머니로 나타내어 달리 찍어 볼 수도 있다.

사례 1. 초등학교 4학년 여학생의 어머니

　내담자는 평소 자녀에게 밝은 모습을 보이려고 노력하고 되도록 화를 내지 않고 부드럽게 이야기하려고 하며 자녀가 잘못된 행동을 하였을 때도 대화로 풀어 나가고자 애쓴다고 하였다. 그래서 유쾌한 감정으로 주황색과 노란색을 선택하여 제일 먼저 OHP필름에 짰다. 그러나 순간순간 자녀에 대한 답답한 감정이 나온다고 하며 접어 놓은 안쪽에서부터 갈색과 파란색 물감을 길게 짰다. 화가 불쑥불쑥 나서 큰 소리가 날 때도 가끔 있다고 하며 빨간색 물감을 중앙에 짜서 데칼코마니를 만들었다. 화난 감정인 빨간색과 우울한 감정인 보라색은 마음속 깊이 잘 숨겨 두었다고 생각하지만 자녀에게 화를 내고 있는 자신의 모습을 보면 어떻게 해야 할지 몰라 머릿속이 하얗게 되는 것만 같다고 하면서 흰색물감을 이미 물감을 짜 놓은 곳 옆에 짜서 모양을 만들었다. 흰색은 자녀의 양육에 대해 생각을 하다 보면 답을 찾을 수 없는 멍한 상태가 찾아오는 것을 나타내기도 한다고 덧붙여 설명하였다.

　데칼코마니를 만든 후 모든 색이 처음 물감을 짜서 만든 모양과 다르게 하나로 섞여 있는 모습을 보며 자녀에게 자신의 생각과 달리 부정적인 감정 표현을 하게 되는 복잡한 자신의 심정을 나타내는 것 같다고 하였다.

　자녀에게 나타내는 주된 감정 표현을 살펴보며 자신이 자녀만 한 나이였을 때의 부모님 모습을 떠올려 보고 부모님과 자신의 유사한 감정 표현에는 어떠한 것이 있는지 질문하였다. 자신의 부모님(이하 원부모라고 표기)은 화난 감정을 표현하는 것은 나쁜 것이라고 하여 화난 감정을 표현하지 못하게 하였으며 항상 차분하고 조용한 태도를 해야 바르고 착한 아이라는 이야기를 듣고 자랐다고 하였다. 아마도 자신이 화를 제대로 표현하지 못하고 자녀에게 화를 내면 부모로서 바람직하지 못한 태도를 보인다는 생각으로 괴로운 것이 원부모의 영향인 것 같다고 말하였다.

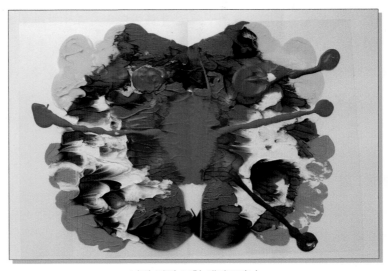

나의 감정 표현 데칼코마니

'나의 감정 표현 데칼코마니' 작품에 방향을 달리하여 노랑과 주황이 많이 나타난 쪽으로 찍어서 '원부모의 감정 표현 데칼코마니' 작품을 완성하였다. 작품을 오른쪽과 왼쪽으로 나누어 오른쪽은 어머니로 표현하였다. 어머니는 아버지에게 의존적이지만 밝은 면이 많으신 분이여서 자신에게도 언제나 유쾌한 감정을 많이 보였다고 이야기하며 노란색 물감으로 더 꾸며 주었다. 한편으로는 기운이 없고 질문해도 대답을 하지 않고 '피곤하다. 그건 니가 알아서 해 주겠니?' 라는 말을 하며 피곤해하고 우울한 감정을 나타내기도 하였다며 보라색 물감을 길게 선을 그리며 짰다. 왼쪽은 아버지를 표현한 것으로 아버지 또한 유쾌하며 즐거움이 많은 분이라고 하면서 주황색 물감을 더 짜서 꾸몄다. 아버지는 항상 계획을 세워서 행동해야 한다는 말씀을 자주 하였으며 아버지의 계획성이 자신에게는 안정감을 주었다고 하며 파란색 물감을 많이 짜서 꾸며 주었다. 아버지가 자신에게 안정감을 주었던 영향이 더 커서 자신 또한 자녀에게 그러한 모습을 보이고 자녀에게도 편안한 감정을 표현하고자 애쓴다고 말하였다. 또한 원부모에게서 받은 유쾌한 감정으로 인해 '아이와 함께 있을 때 많이 웃고 엄마와 있을 때 즐겁다.' 는 기분을 느낄 수 있었으면 좋겠다고 하였다.

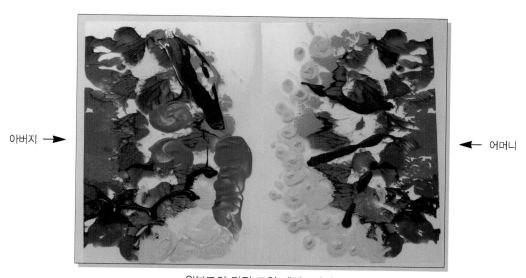

원부모의 감정 표현 데칼코마니

자녀는 잘 웃고 애교도 많고 긍정적인 감정을 많이 표현해 준다고 설명하며 '나의 감정 표현 데칼코마니'에서 주황색과 갈색이 나타난 부분을 중심으로 OHP필름을 반으로 접어서 찍었다. 주황색으로 나비 날개 모양을 만들며 '자유로운 아이'라고 덧붙여 주황색을 설명하였다. 그리고 자신과 같이 화난 감정을 표현할 줄 모르는 약간은 억압된 감정과 엄마인 자신도 알지 못하는 감정이 있을 것이라고 갈색을 설명하였으며 자녀의 밝은 모습이 더더욱 빛을 발할 수 있었으면 하는 의미로 노란색 위에 연두색 유성매직으로 반짝이는 모양을 그려 자녀의 데칼코마니는 나비모양이 되게 완성하였다.

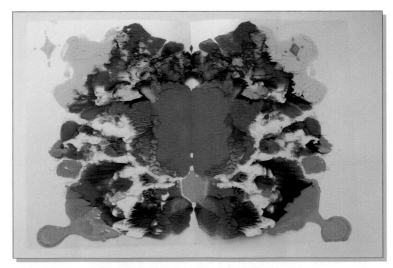

자녀의 감정 표현 데칼코마니

비슷한 듯 다른 세 개의 데칼코마니 작품을 보며 자신이 어렸을 때 원부모에게서 받은 밝은 모습이 있어서 감사하고 그 영향으로 자녀 또한 밝아서 다행이라고 공통점을 찾았다. 그러나 화를 표현하면 안 된다고 하였던 원부모에게서 받은 억압된 감정이 자녀에게도 고스란히 전달된 것 같다고 하였다. 자녀가 훨훨 날 수 있는 나비가 되었으면 좋겠다는 바람이 있지만 실제는 날기가 힘들 것 같다고 느낌을 표현하였다.

내담자는 부정적인 감정을 표현하는 데 어려움을 느끼고 있다는 것을 인식하여 감정을 표현하였을 때 자녀가 상처받지 않고 이해할 수 있도록 '나 전달법'으로 대화하는 방법을 코칭해 주었다. 내담자는 이러한 방법을 이용하여 자녀 또한 느끼는 감정을 솔직하게 표현할 수 있도록 도와주어야겠다고 하였다.

〈원부모–나의 감정 전이의 예〉

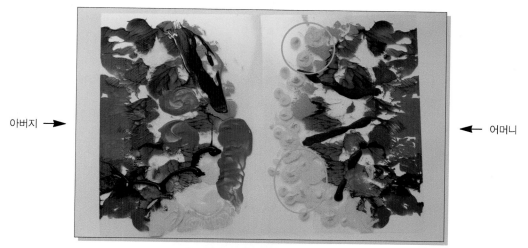

아버지 →   ← 어머니

원부모의 감정 표현 데칼코마니

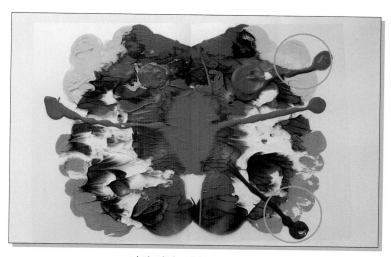

나의 감정 표현 데칼코마니

  자신이 자녀에게 많이 표현하는 감정은 부드럽고 유쾌한 감정(주황색과 노랑색)으로 OHP필름 가장자리에 물감을 짜서 그렸다. 이러한 감정 표현은 원부모에게서 영향 받은 것으로 '나의 감정 표현 데칼코마니'에서 주황색과 노랑색이 많이 찍혀 있는 부분을 찍어 내어 '원부모의 감정 표현 데칼코마니'를 만들었다.

〈나-자녀의 감정 전이의 예〉

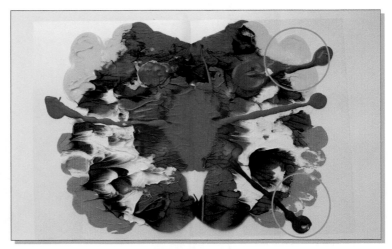

나의 감정 표현 데칼코마니

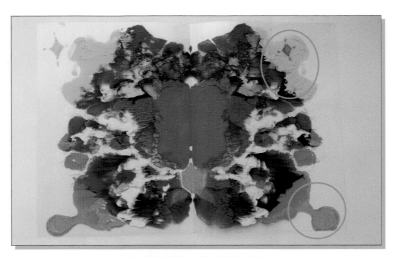

자녀의 감정 표현 데칼코마니

　유쾌한 감정(주황색과 노란색)은 자녀에게도 전해져 '자녀의 감정 표현 데칼코마니'는 '나의 감정 표현 데칼코마니'에 그대로 엎어서 찍어 내어 데칼코마니를 만들었다. 그리고 덧붙여서 자녀를 더욱 밝은 모습으로 보이게 하는 날개와 같은 역할을 한다고 하며 나비 모양으로 꾸며 주었다.

사례 2.

색과 모양으로 자녀에게 많이 표현하는 감정을 나타내는 것에 어려움을 표현하여 치료사와 색이 주는 느낌 등을 이야기 나누며 활동을 시작하였다. 평소 자녀에게 화를 잘 내는 편이라고 하며 가장 먼저 화난 감정을 상징하는 빨간색과 주황색으로 OHP필름 안쪽에 물감을 짰다. 화를 내지 말고 마음속에서는 '늘 내가 좀 더 여유를 가져야지.' 라고 평정심을 유지하려고 한다며 연두색으로 주황색 바깥쪽으로 물감을 짜서 그린 후 평온한 마음가짐이라고 설명하였다.

가장자리에는 자신만의 고정관념과 원리 원칙을 강조하며 마땅히 이렇게 해야 한다는 생각이 강하여 자녀에게는 다소 엄격한 모습을 보여서 불편하고 갑갑한 감정이 전해질 것 같다며 파란색 물감을 짜서 네모 모양으로 그렸다. 그리고 자녀에게 표현하는 사랑의 감정이라고 하며 몽글몽글한 느낌의 선을 노란 색으로 나타내었다.

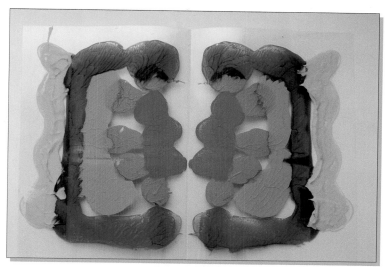

나의 감정 표현 데칼코마니

　　내담자의 원부모가 자신에게 많이 표현한 감정을 떠올린 후 '나의 감정 표현 데칼코마니' 위에 새 OHP필름을 찍어서 '원부모 감정 표현 데칼코마니'를 만들었다. 특히 아버지가 원리원칙을 중요시하고 예의에 맞지 않는 행동이나 몸가짐, 옷차림을 보지 못하는 분이시라 화는 내지 않으셨지만 무서웠던 기억이 많이 난다고 하였다. 자신의 완고함은 아버지의 영향을 받은 것 같다고 이야기하며 파란색이 찍혀 있는 가운데 부분을 중심으로 데칼코마니를 만들었다. 아버지로 상징되는 왼쪽의 파란색은 자신보다 더 완고한 면을 가지고 있다고 하며 파란색 유성매직으로 물감의 테두리를 그려 강조되게 나타내었다. 그리고 아버지는 '자식만을 생각하고 자식만을 위해서 희생하시는 분'이라는 의미로 자신의 형제 4명을 상징하는 동그라미 4개를 오른쪽과 왼쪽에 각각 그려 '따뜻하고 자식들이 하고 싶은 것은 다해 주시는 헌신적인 분'이라고 설명하였다. 안쪽에 찍힌 빨간색과 주황색을 보며 "나는 자라면서 한 번도 부모님이 크게 화를 내시는 것을 본 적이 없는데 나는 왜 이럴까?"라고 하며 부모님의 빨간색과 주황색은 자신을 아끼는 마음으로 바꿔 표현하였다. 어머니로 상징되는 오른쪽은 다정다감하고 밝은 감정을 많이 나타낸 어머니로 설명하였다.

아버지 →　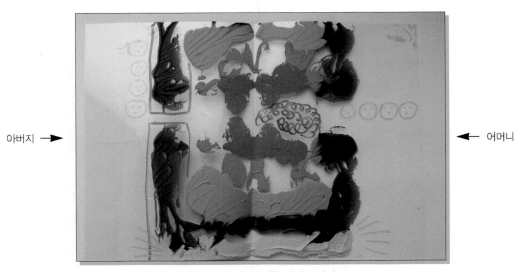　← 어머니

원부모의 감정 표현 데칼코마니

자녀가 많이 나타내는 감정 표현으로 곧이곧대로 행동하여 자신처럼 완고함을 표현하는 파란색이 많이 찍히고 노란색은 거의 나오지 않게 OHP필름을 찍어서 데칼코마니를 만들었다. 자녀는 사춘기여서 가끔 자신이 묻거나 이야기를 하려고 하면 건성으로 대답하거나 짜증을 많이 낸다고 이야기하며 '나의 감정 표현 데칼코마니'에서 자녀의 감정 표현 데칼코마니에 옮겨 찍힌 빨간색과 주황색을 설명하였다. 연두색은 친구들과 있을 때에는 활기 넘치고 즐거워 보이는 것으로 설명하였다.

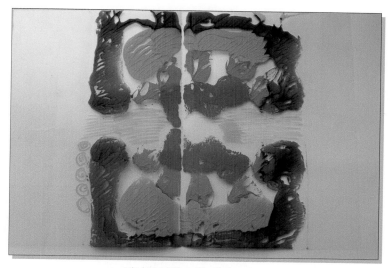

자녀의 감정 표현 데칼코마니

세 개의 데칼코마니 작품을 보고 파란색이 눈에 띈다고 하며 자신의 단호하고 딱딱한 감정이 사춘기의 자녀가 느끼기에 답답할 것 같다고 느낌을 표현하였다. 그리고 원부모의 데칼코마니를 보며 "나의 부모님은 화 한번 내시지 않으셨는데, 나는 왜 이렇게 화를 많이 낼까요?"라고 말하며 자녀가 자신을 무시하거나 말을 듣지 않으면 화가 치밀어 올라 자녀에게 소리부터 치게 되는데 화를 다스릴 수 있는 방법을 찾아봐야겠다고 하였다. 구체적인 방법을 찾아보도록 이야기를 하자 자녀에게 화가 날 때는 일단 그 자리를 피해서 화난 기분을 진정시킨 후 차분하게 대화를 시도해 보겠다고 하였다. 그리고 때로는 화를 내며 자녀를 무시하는 말도 하게 되어 자녀가 표현하지는 않았지만 상처가 되고 그러한 태도가 자녀와 대화를 막는 것 같다고 하였다. 힘든 형편이었지만 4남매가 원하는 것이 있을 때는 꼭 들어주려고 애쓰던 부모님에게서 받은 관심을 자신도 자녀에게 말이나 행동으로 많이 표현하고 자녀의 말에 귀 기울여 들어 줄 수 있는 부모가 되어야겠다고 느낀 점을 말하였다.

〈원부모- 나의 감정 전이의 예〉

아버지 → 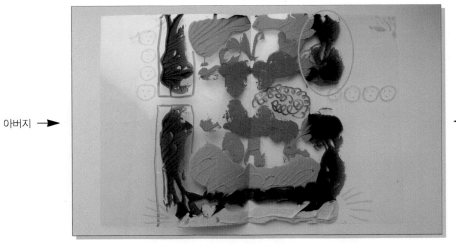 ← 어머니

원부모의 감정 표현 데칼코마니

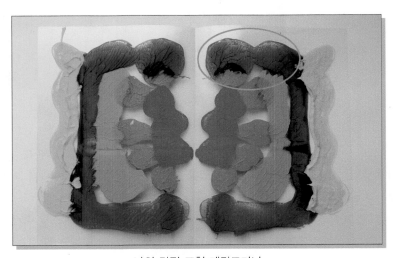

나의 감정 표현 데칼코마니

'나의 감정 표현 데칼코마니'에서 파란색은 원리원칙과 고정관념을 강조하는 것을 표현하는데 자녀에게 다소 엄격하고 자녀가 느낄 때 갑갑한 감정을 느낄 것 같다고 하였다. 이러한 감정 표현은 원부모의 엄격함에서 영향을 받은 것 같다고 하였다.

〈나-자녀의 감정 전이의 예〉

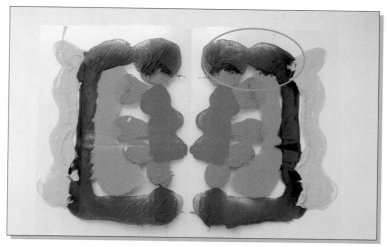

나의 감정 표현 데칼코마니

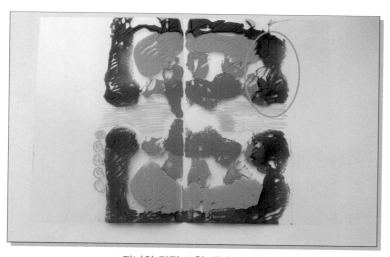

자녀의 감정 표현 데칼코마니

　원부모와 자신의 영향으로 자녀 또한 사고의 융통성이 없어 곧이곧대로 행동하고 부모인 자신이 보아
도 갑갑하고 자녀 또한 뜻대로 되지 않는 일에 답답하다고 호소를 많이 한다고 하였다.

▌Tip

'나의 감정 표현 데칼코마니' 작품으로 '원부모의 감정 표현 데칼코마니' 와 '자녀의 감정 표현 데칼코마니' 를 찍어야 함으로 물감의 양을 충분히 하여 '자녀의 감정 표현 데칼코마니' 를 찍을 때까지 물감이 마르지 않도록 한다.

2 역할 수행 코칭

짚고 가기

　부모는 권위를 내세우는 권위주의적인 사람이 아니라 타인을 통솔하여 이끄는 힘인 권위가 있는 사람이 되어야 한다. 권위 있는 부모가 되기 위해서는 자녀와의 소통에 거리낌이 없고 무엇보다 자녀와 잘 협력할 수 있어야 한다. 자녀와 소통하고 협력하는데 효과적인 부모역할의 유형이 있다. 부모 역할의 유형은 막강한 힘을 가진 독재자와 같은 전제형, 허용형 부모인 자유방임형, 민주적 태도를 가진 우두머리형 등 다양하게 제시되고 있는데 부모는 자신의 유형을 확인해보고 자녀에게 적절한 역할을 수행할 수 있는 유형으로 발달시켜 나가야 한다.

　영아기, 유아기, 아동기, 청소년기의 생애주기에 따라 신체·운동기능·인지·언어·사회성 및 정서의 발달 수준이 다르기 때문에 자녀의 발달단계에 맞춰 부모의 역할이 달라져야한다. 이 역할을 적절하게 수행할 수 있도록 코칭하기 위해서는 원부모에게 받은 부모 역할을 탐색할 수 있다. 그리고 현재 자신의 부모 역할에 대한 자녀의 인식을 조망하며 자녀의 성장에 따라 변화되어져야 하는 부모역할에 대한 예측과 적절한 부모역할의 수행이 필요하다.

　함께 가기에서는 게임이나 점술에 이용되는 도구인 타로카드를 활용한다. 각 카드에는 인물, 상징, 이름, 의미 등이 내포되어 있어 부모로써 자신의 역할수행 정도를 탐색하는데 새롭고도 훌륭한 매체가 될 수 있다. 부모 자신의 역할과 원부모에게서 받은 영향을 알아보거나 적절한 부모 역할수행을 습득하기 위해 타로카드를 활용한 다양한 미술치료 활동을 할 수 있다.

프리즘(prism)

▌목표

1. 어린 시절 경험한 원부모의 부모 역할상에 대해 알 수 있다.
2. 원부모로부터 영향을 받은 자신의 부모 역할상에 대해 알 수 있다.

▌준비물

타로카드, OHP필름(7cm×15cm 3장), 유성매직, 조명(휴대폰 보조등, 휴대용 손전등 등), 투명테이프

▌활동방법

1. 22개 타로카드의 인물을 살펴보면서 어떤 특징이 있고, 어떤 느낌을 주는지 탐색한다.
2. 어린 시절에 경험했던 자신의 어머니상과 닮은 카드를 3장, 자신의 아버지상을 닮은 카드를 3장 선택한다.
3. 선택한 카드의 이미지를 보면서 자신의 어린 시절에 어머니와 아버지가 어떤 역할을 주로 하였는지에 대해 이야기를 나눈다.
4. 선택한 카드를 참고하여 어머니의 역할상과 아버지의 역할상을 나타내는 상징을 OHP필름에 유성매직으로 그려서 어머니의 역할상 카드와 아버지의 역할상 카드를

각각 만든다(선택한 타로카드의 이미지를 OHP필름 아래에 두고 베껴 그리거나 타로카드의 이미지를 보면서 옮겨 그리거나 변형하여 그린다). 그림의 여백에는 각각의 역할상을 나타내는 색으로 색칠한다.

5. 어린 시절 자신의 상징을 타로카드에서 찾거나 상상해서 OHP필름 위에 유성매직으로 그려 어린 시절의 자기상 카드를 만든다. 그림의 여백에는 자신을 나타내는 색으로 색칠한다.

6. '활동방법 4, 5'에서 완성한 어머니의 역할상, 아버지의 역할상, 어린 시절의 자기상 카드 3장의 긴 면을 테이프로 연결하여 프리즘 모양을 만든다.

7. 프리즘에 빛을 통과시켜서 분산시키면 다양한 빛의 스펙트럼을 관찰할 수 있듯이 어린 시절의 자기상이 벽면으로 향하도록 프리즘 모양을 놓은 후 조명을 여러 방향으로 비춰 본다.

8. 조명을 받아 어머니의 역할상과 아버지의 역할상의 이미지나 색이 어린 시절의 자기상에 비춰 보이는 모습을 살펴보며 부모의 역할에 따라 자신이 어떤 영향을 받으며 성장했는지 생각해 보고 이야기 나눈다.

9. 어린 시절 자신의 부모에게 있었으면 좋았을 것 같다고 생각되거나 자신이 바랬던 부모 역할상은 어떤 것이었는지 찾는다.

10. 어린 시절 자신의 부모가 보여 준 역할상에 의한 경험이 현재 자신의 부모로서 역할상에 어떤 영향을 주었는지 탐색하여 이야기 나눈다.

11. 활동 후 느낀 점에 대해서 이야기 나눈다.

사례 1.   대학교 1학년 여학생의 어머니

내담자는 22개의 카드를 모두 펼쳐놓고 하나하나 살펴보며 그림이 상징하는 것이 무엇인지 질문을 하였다. 상징이 어떤 의미인 것 같은지 연상하도록 하여 내담자가 역할의 의미를 찾을 수 있도록 하였다.

2번

14번

20번

어머니의 역할상

어머니의 역할상을 상징하는 카드로 2번, 14번, 20번 카드를 선택하였다. 2번 카드에서는 책을 들고 앉아 있는 여자가 쉬지 않고 일하는 내담자의 어머니를 닮은 것 같다고 하였다. 어머니를 생각하면 일을 하고 있는 모습이 가장 많이 떠오르고 부지런히 집안일을 해서 집은 언제나 깔끔하게 정리정돈 되어 있었다고 하였다. 14번 카드에서 잔잔한 호수처럼 보이는 물이 조용하고 맑아 보인다고 하였고, 이 물은 자신에게 야단을 치거나 큰소리를 내는 일없이 조용하고, 밝은 어머니의 모습을 나타낸다고 하였다. 20번 카드의 천사는 천사같이 착하고 아버지에게 순종적이었던 면을 상징한다고 하였다. 어머니는 집안을 돌보는 가정의 관리자 역할을 주로 했다고 하였다. 어머니의 역할상을 나타내는 색은 밝은 분이어서 노란색이라고 하였다.

3번   4번   11번

아버지의 역할상

아버지의 역할상을 상징하는 카드로 3번, 4번, 11번 카드를 선택하였다. 3번 카드의 여자는 마음이 넉넉하고 편해 보인다고 하며 자신에게 보약을 챙겨 주고, 돌봐 주던 아버지를 닮았다고 하였다. 4번 카드에서는 단단해 보이고 쉽게 변하지 않는 느낌을 주는 돌로 만든 의자가 변함없이 그 자리를 지키고 있는 든든한 가장의 역할을 잘 나타내 준다고 하였다. 11번 카드에서 단정하고 정돈된 느낌의 망토는 안정감을 준다고 하였고 집과 연결되어 있던 한의원에 늘 있으면서 정해진 대로 일하는 아버지와 닮았다고 하였다. 아버지는 가장으로서 집을 안전하게 지키는 역할을 주로 했고, 오빠들에게 엄격했던 것과 달리 막내인 내담자에게는 자상하게 돌봐 주는 보육자의 역할도 했다고 하였다. 아버지의 역할상을 나타내는 색은 따뜻하게 돌봐 주는 느낌이라서 분홍색이라고 하였다.

0번

19번

20번

어린 시절의 자기상

어린 시절 자신의 상징을 나타내는 카드로 0번, 19번, 20번을 선택하였다. 0번 카드의 도시락을 들고 놀러 가는 사람이 어린 시절 풀밭에서 놀던 자신의 모습을 닮았다고 하였다. 어린 시절 내담자는 부유한 부모님 곁에서 편안하고 자유롭게 자랐다고 하였다. 19번 카드에서는 크고 밝은 색의 태양이 눈에 띄었고, 노란 태양은 잘 웃고 밝은 어린 시절의 자신을 의미한다고 하였다. 20번 카드의 중앙에 있는 십자가가 그려진 깃발 모양이 선물처럼 보이는데 부모님과 오빠들에게 사랑을 많이 받았던 것을 선물로 표현할 수 있겠다고 하였다. 내담자의 어린 시절 자기상은 맑은 날 선물을 받고 기뻐하여 즐겁게 소풍을 가고 있는 모습이라고 설명하였다. 자신을 나타내는 색은 밝고 명랑한 느낌을 주는 연두색과 하늘색이라고 하였다.

프리즘 모양 만들기 1

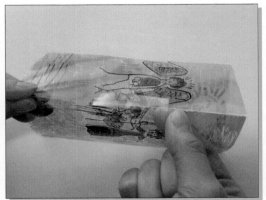

프리즘 모양 만들기 2

프리즘 모양 완성

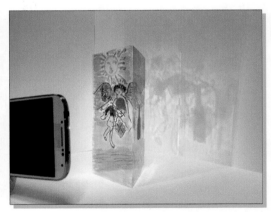

프리즘 모양에 빛을 비춰 보는 모습

  내담자는 세 개의 카드로 프리즘 모양을 만들어 여러 방향으로 빛을 비추어 보았다. 어머니 역할상 카드의 날개와 책을 들고 있는 여자의 모습이 자기상에 겹쳐 보이는 것이 인상적이라고 하였다. 자신이 성장하면서 아버지나 선생님의 말을 잘 들었고, 규칙에 어긋나는 행동을 하지 않았던 것은 천사처럼 착하고 순종적인 어머니의 영향을 받은 것이라고 하였다. 그리고 완벽하게 집을 정리하던 어머니의 모습이 모델이 되어 전업주부로서 집안일을 열심히 하고 있는 것 같다고 하였다.

어머니 역할상의 영향

아버지 역할상 카드의 분홍색이 자신의 카드에 겹쳐지며 붉게 변하는 모습과 나무 이미지가 겹쳐지는 것을 관찰하였다. 분홍색의 따뜻한 느낌을 보며 아버지는 어머니보다 따뜻하게 대해 주어 아버지와 이야기를 많이 나누었다고 하였다. 또 어머니, 아버지가 화를 내거나 간섭하거나 야단치는 일이 없어서 자신이 하고 싶은 일은 자유롭게 했다고 하였다. 자신도 그 영향을 받아 자녀와 대화를 많이 하려고 하며 화를 내는 일은 많지 않고 자녀가 스스로 하도록 내버려 둔다고 하였다.

아버지 역할상의 영향

부모님이 자신에게 보여 준 역할상이 고맙게 느껴진다고 하며 자신도 부모님과 같은 역할을 하고 싶다고 하였다. 어린 시절에는 원했던 부모 역할상이 없었으나 자신이 자녀를 키우면서 나쁜 행동을 바르게 가르쳐 주어야 할 때 어떻게 훈육해야 할지 몰라 힘들었던 때가 있었는데 자신이 원부모에게서 훈육하는 방법을 배우지 못했다는 생각이 들었다고 하였다.

자녀가 현재 대학생이라 가르쳐 주기보다는 지지하고 기다리는 것이 자녀에게 필요한 역할임을 코칭해 주었고, 내담자는 치료사와 이야기를 나누며 자신이 부모 역할을 잘못한 것이 아니라는 생각이 들어 마음이 편해졌다고 하였다.

사례 2.   중학교 1학년 남학생의 어머니

처음에 내담자는 어린 시절 원부모와의 일은 잘 기억이 나지 않는다고 하였다. 여러 카드를 살펴보며 차츰 카드 속 인물의 자세나 물건이 부모님을 닮았다고 하며 탐색해 나갔다.

3번

8번

11번

어머니의 역할상

어머니의 역할상으로 상징되는 카드로 3번, 8번, 11번 카드를 선택하였다. 3번 카드의 여황제는 부드럽고 자상해 보이지만 힘이 있어 보여서 부드러운 카리스마를 가진 사람같다고 하였다. 해달라고 하는 것은 다 해 주는 어머니의 자상한 면이 여황제와 닮았다고 하였다. 8번 카드의 사자는 동물이나 식물을 키우는 것을 좋아하는 어머니를 떠올리게 한다고 하였다. 어린 시절에 마당의 텃밭에서 야채를 키웠는데 어머니와 오이나 호박을 따서 음식을 만들어 먹었던 즐거운 추억이 있다고 하였다. 11번 카드의 저울은 4남매의 자녀들에게 언제나 공정했던 모습을 나타낸다고 하였다. 내담자의 성장과정에서 어머니는 자신에게 관심과 사랑을 많이 주었고, 배워야 할 예의를 가르쳐주는 역할을 주로 했다고 하였다. 어머니의 역할상을 나타내는 색은 평안하고 온화한 초록색이라고 하였다.

4번

8번

9번

아버지의 역할상

아버지의 역할상으로 상징되는 카드로 4번, 8번, 9번 카드를 선택하였다. 4번 카드의 왕은 근엄한 표정을 하고 있고, 어깨에는 힘이 잔뜩 들어가 있어서 권위적인 사람으로 보인다고 하며 아버지의 원칙을 주장하는 권위적인 면을 상징한다고 하였다. 8번 카드에서 흰옷을 입은 여자가 사자를 돌봐 주는 모습은 사나운 사자를 온순하게 만들만큼 권위적인 힘을 가지고 자녀들을 잘 돌봐 주던 아버지와 닮았다고 하였다. 9번 카드에서는 등불을 선택하였고, 아버지가 자녀들에게 길잡이가 되어 준 것을 상징한다고 하였다. 아버지는 냉정한 면을 가지고 있지만 차갑지는 않아서 아버지의 역할상을 나타내는 색은 하늘색이라고 하였다.

내담자는 어린 시절 자신의 상징을 상상하여 OHP필름에 그렸다. 자신의 어린 시절 모습은 아무것도 모르는 즐거운 아이의 모습이었다고 하였다. 호기심이 많아서 궁금한 것이 있으면 무엇이든 만져 보고 직접 해 보려고 했던 자신을 생각하면 여기 저기 냄새를 맡고 다니는 강아지의 모습이 떠오른다고 하였다. 그리고 한 번 호기심이 발동하면 밥도 먹지 않고 그것에만 몰두해서 박스에 들어간 모습으로 그렸다고 하였다. 자신을 나타내는 색은 천진난만한 느낌을 주는 하늘색이라고 하였다.

어린 시절의 자기상

내담자는 세 개의 카드로 프리즘 모양을 만들어 조명을 비추며 어린 시절의 자기상에 어머니의 역할상과 아버지의 역할상이 비쳐 보이는 모습을 살펴보았다. 어머니의 역할상 카드에서 사자를 쓰다듬는 손이 비쳐 보인다고 하였다. 어린 시절 어머니가 관심과 사랑을 많이 주는 것이 답답하기도 하고 자신이 스스로 할 수 있는데 간섭받는 것 같이 느껴져서 어머니에게 기다려 주는 역할을 바랐다고 하였다. 자신 또한 부모 역할을 할 때 관심이 지나쳐 과잉보호 하고 있다고 느껴질 때가 있는데, 자녀가 자신처럼 답답해할 수 있다고 생각하며 스스로 조절하려고 노력한다고 하였다.

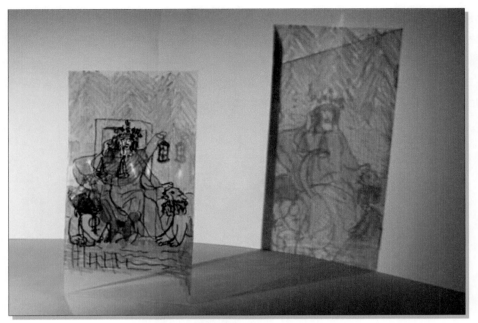

어머니 역할상의 영향

 아버지의 역할상 카드에서 비춰지는 것으로 각이 진 왕의 의자가 보인다고 하며 원칙주의자인 아버지의 모습을 자신이 많이 닮아 정해진 규칙을 잘 지키고, 다른 사람이 지키지 않는 것을 보면 참지 않고 고쳐 주려 한다고 하였다. 그리고 자녀들에게도 원칙을 강조한다고 하였다. 다음으로 등불이 보인다고 하며 아버지처럼 자신도 자녀들에게 길잡이와 같은 모습을 보이려고 하였지만 자신의 생각과 다르게 가르치고 지시하는 모습이 나타난다고 하였다.

 내담자는 원부모를 떠올리며 부모님은 자식들이 원하는 것이 있으면 최대한 들어주려고 애썼고 자신도 그 영향으로 자녀들에게 잘하려고 애쓰고 있다고 하며 긍정적인 영향을 받았다고 하였다. 그리고 내담자와 원부모의 역할상을 비교해 보니 내담자는 성장하면서 부모님에게 크게 야단맞은 기억이 없는데 자신은 자녀에게 화내고 매를 드는 일이 많다고 하였다. 자신은 어릴 때 그러지 않았는데 어린 시절의 자신과는 다르게 큰 소리를 치거나 버릇없게 행동하는 자녀가 힘들게 느껴질 때도 있다고 하였다. 자녀의 행동이 예의 바르게 행동해야 한다는 자신의 원칙에 어긋나서 화가 났었다고 하며 원칙을 중요하게 생각하는 아버지의 영향이 부정적으로 나타나는 것 같다고 하였다.

아버지 역할상의 영향

청소년기의 자녀는 인지적 성장으로 인해 부모가 정한 규칙에서 문제점을 발견하거나 의문을 제기하며 비판적인 태도를 보일 수 있는데 이때 부모가 당황할 수 있다고 공감해 주었다. 자녀의 이러한 태도는 자연스러운 변화이고 부모로서 자녀와의 의사소통방식을 변화시켜 나가야 할 시기를 알려 주는 신호로 생각하고 부모가 의사소통 기술의 모델 역할을 하도록 하였다. 그리고 의사결정을 할 때 자녀를 참여시켜서 스스로 목표를 설정하고 실천해 나가도록 도와주어야 한다고 이야기 나누었다. 청소년기 자녀는 심리적, 신체적 변화로 인해 불안정하고 자신감을 잃기 쉬운 시기이므로 부모가 자녀를 지나치게 비판하고 통제하면 자녀는 자신감을 잃고 자존감이 낮아질 수 있으니 대립적인 관계보다 자녀의 장점을 발견하고 자녀가 자신감을 가질 수 있도록 격려하고 지도하는 격려자의 역할이 필요하다고 코칭해 주었다.

Tip

유니버셜 웨이트 타로카드 22장의 의미*

번호	카드이름	내용
0	바보 (Fool)	자유로운 사람. 어깨에 무거운 짐을 지어야 하는 삶의 과제를 가지고 살아가지만 마음은 소박하고, 단순하다.
1	마법사 (Magician)	재주 있는 사람. 독창적이고 창조적이며, 상상력이 뛰어나다.
2	고위 여사제 (High Priestess)	지혜롭고 신비스러운 사람. 침착하고 객관적이며 상황 판단을 잘하고 통찰력이 있다.
3	여황제 (Empress)	다른 사람을 돌보려는 사람. 부드러운 여성 에너지가 발달되어 있다.
4	황제 (Emperor)	가장의 상징. 세속적인 힘, 확신, 부유함, 안정, 권위, 불굴의 정신, 호전적인 면도 있다.
5	신비사제 (Hierophant)	교육자의 상징. 진리를 가르치는 일에 관심이 있다. 원칙을 따르고 존중하며, 집단과 행동을 같이한다.
6	연인 (Lovers)	인간관계가 중요한 사람. 사랑과 미에 대한 관심이 높다. 정서적으로 깊은 감정을 느끼고 교류하고 싶어 한다.
7	전차 (Chariot)	목표를 향해 나아가는 사람. 역경을 극복하려는 의지가 있다. 하던 일을 성공적으로 마무리하려는 경향이 있다.
8	힘 (Strength)	외유내강형의 사람. 내적인 용기와 힘이 있고 결단력, 확신과 도전적인 태도를 갖고 있다.
9	은둔자 (Hermit)	내면에 관심이 있는 사람. 감정을 억제하는 편이며 사려 깊게 신중하고 다른 사람에게 조언하기를 좋아한다.
10	운명의 수레바퀴 (Wheel of Fortune)	재주 있는 사람. 행위의 결과가 자신에게 돌아오므로 행위를 잘하며 살아갈 필요가 있다.

*2008년 영남대학교 미술치료학과 주최 '타로특강' 연수 자료집

68

11	정의 (Justice)	공평무사한 삶. 적당한 균형과 조화를 이루고자 하는 성격이다. 판단을 한 다음 실천이 빠르다.
12	거꾸로 매달린 사람 (Hanged Man)	겉으로는 느리지만 내면으로 많은 것이 일어나는 사람. 말과 행동이 다른 사람에 비해 느리다.
13	죽음 (Death)	변형을 일으키는 사람. 변화를 두려워하지 않는다. 새로운 것을 위하여 과거의 것을 과감히 제거한다.
14	절제 (Temperance)	마음을 절제하고 인내할 줄 아는 사람. 새로운 환경에 순응하고 주변과 조화를 이루려 한다.
15	악마 (Devil)	집착이 강한 사람. 자신과 관련이 있는 대상에 대해서 여유를 찾기 어려울 정도로 걱정을 많이 한다.
16	탑 (Tower)	변화에 대한 충격을 심하게 받는 사람. 진실과 맞지 않으면 가진 것을 모두 버릴 수 있는 과감한 면이 있다.
17	별 (Star)	어둠 속에 희망의 등불이 되려는 사람. 신념이 있고 낙천적이고 긍정적이며, 미래에 대한 희망을 가지고 있다.
18	달 (Moon)	마음이 자주 바뀌는 사람. 의심이 많이 일어난다. 자신이 너무 순수하여 남들에게 잘 속는다고 생각한다.
19	태양 (Sun)	순수한 사람. 자신의 역량보다 더 큰일을 해내는 용기와 믿음이 있는 사람이다.
20	심판 (Judgement)	옳고 그름에 대한 판단이 바르고 정의로운 사람. 옳은 일을 위해 희생을 감수하고 진리를 세상에 드러내고자 한다.
21	세계 (World)	완성을 이루고자 하는 사람. 완벽주의자. 일의 전체를 보는 경향이 있어 시야가 넓다.

2 울타리

▌목표

1. 현재 자신의 부모 역할에 대한 자녀의 인식을 조망할 수 있다.
2. 자신의 역할 중 유지되어야 할 부분과 변화되어야 할 부분에 대해 알 수 있다.

▌준비물

타로카드, 컬러블록(색깔별로 10개), 아이클레이

▌활동방법

1. 22개의 타로카드에 나타난 인물의 특성과 느낌에 대해 살펴본다.
2. 현재 자녀를 양육하는 자신의 역할에 대해 이야기 나눈다.
3. 자신이 자녀를 양육하는 데 중요하다고 생각되는 부모 역할을 4~5개 정도 선택하여 그 역할을 상징하는 타로카드를 선택한다.
4. 각 카드가 상징하는 역할이 무엇인지 설명한다(예: 사자를 부드럽게 제어하고 있는 8번 카드는 화가 난 자녀의 마음을 잘 읽어 주는 역할, 저울을 들고 있는 11번 카드는 감정에 치우치지 않고 훈육하는 역할 등).
5. 역할별로 각 역할에 어울리는 색의 컬러블록을 선택한다. 역할 수행을 가장 많이 하는 것이 10개일 때, 자신이 역할을 수행하는 정도는 몇 개인지 생각하여 카드 주

변에 컬러블록을 쌓는다.

6. 자신의 부모 역할이 자녀에게 울타리라고 생각한다면 어떤 모습일지 상상하여 블록으로 울타리를 만든다.

7. 아이클레이로 자녀를 상징하는 간단한 형태를 만든다.

8. 자신의 부모 역할인 울타리와 자녀와의 관계를 나타낼 수 있도록 울타리에 자녀의 상징물을 배치한다.

9. 자신의 부모 역할인 울타리 안에서 자녀가 어떻게 느낄 것 같은지 생각한다.

10. 자녀에게 알맞은 울타리는 어떤 것일지 생각해 보고 현재 울타리에서 유지되어야 할 부분과 변화가 필요한 부분은 무엇인지 점검한다.

11. 활동 후 느낀 점에 대해서 이야기 나눈다.

사례 1. 초등학교 6학년 남학생의 어머니

　내담자는 자신이 중요하게 생각하는 부모 역할을 나타내는 카드로 14번, 15번, 11번, 8번 카드를 선택하였다.

　14번 카드는 양손에 잔을 들고 물을 옮기고 있는 천사의 모습이 어떤 이야기를 해도 균형과 평온함을 잃지 않고 자녀의 의견을 들어주려고 노력하는 역할처럼 느껴졌다고 하였다. 의견을 수용하는 것은 넓은 바다와 같은 파란색이 떠올라 파란색 블록을 선택하였다.

　15번 카드는 무서운 표정의 악마가 아이들을 쇠사슬로 묶어 놓은 모습인데, 화를 낼 때 아이들의 눈에는 자신이 악마처럼 보일 것 같아 엄격한 역할을 나타내는 의미라고 하였다. 화를 낼 때 얼굴이 빨개지고 에너지를 쏟아 내는 느낌이라 빨간색 블록을 선택하였다.

14번　　　　　　　　　　　　　　　15번

11번 카드는 양쪽 기둥이 균형을 이루고 서 있고, 한 손에는 저울을 들고 있고, 다른 한 손에는 칼을 들고 있어 일관된 태도를 보이고자 노력하는 모습처럼 보였다고 하였다. 일관성을 유지하는 것은 움직이지 않는 큰 산처럼 느껴져서 초록색 블록을 선택하였다.

8번 카드는 사자에게 허리를 숙여 눈을 맞추며 어루만져 주고 있는 모습이 세심하게 보호해 주는 것처럼 보여서 보호의 역할이라고 하였다. 유치원 버스의 노란색이 눈에 띄고 보호해 주어야 한다는 의미를 나타내는 것 같아 노란색 블록을 선택하였다.

11번

8번

역할을 수행하는 정도를 블록의 개수로 표현하여 부모로서 자녀의 의견을 수용하는 역할은 4개, 엄격하게 훈육하는 역할은 5개, 자녀에게 일관된 태도를 보이는 역할은 4개, 보호하는 역할은 많이 하고 있어서 과잉보호의 의미로 6개를 쌓았다.

역할과 컬러블록

자신이 만든 울타리를 보며 자녀가 답답할 것 같다고 하였다. 과잉보호를 받았다고 생각하는 자신의 유년기를 떠올리며 자녀들 또한 스스로 선택과 결정을 하는 데에 어려움이 있을 것 같다고 하였다. 자신은 과잉보호하면서 자녀에게는 주도적으로 선택을 해 보라고 다그치게 되는 것 같다며 자녀가 매우 혼란스러울 것 같다고 하였다. 울타리 안에 들어가 있는 자녀는 아직은 울타리에 알맞은 크기이고, 노란색 블록(보호의 역할)에 기대어 서서 점점 울타리를 넘어갈 생각을 하고 있을 것 같다고 설명하였다.

울타리

자녀와 울타리

울타리에서 유지되어야 할 부분에 대해 각각의 역할이 다 필요한 것이라 역할 자체는 유지되어야 하고 그 역할을 표현하는 형태는 바뀌는 것이 좋겠다고 하였다. 울타리에 변화를 준다면 보호가 지나쳐 과잉보호된 노란색 블록을 조금 덜어 내고 초록색 블록(일관된 태도의 역할)과 파란색 블록(자녀의 의견을 들어주려고 노력하는 역할)을 적절히 교차하여 블록들을 세워서 빠져나갈 구멍이 있는 울타리를 만들고 주고 싶다고 하였다.

자녀가 곧 중학생이 될 것이고 청소년기이므로 자녀를 격려하는 격려자로서의 역할, 또래 갈등이나 학업성취 등의 문제로 갈등을 겪을 때 고민을 상담할 수 있는 상담자로서의 역할, 자녀에게 개방적이고 효율적인 의사소통의 모델 역할이 중요함을 코칭해 주었다.

변화된 울타리

사례 2. 초등학교 5학년 여학생의 어머니

내담자는 한부모 가정으로 자녀와 함께 2인 가족이다. 내담자가 중요하게 생각하는 부모 역할을 나타내는 카드로 21번, 7번, 4번, 11번, 3번 카드를 선택하였다.

21번 카드는 원 안의 사람에게 모든 것이 완벽하게 제공되는 환경을 나타내는 것 같다고 하며 자신이 추구하는 모습이라고 하였다. 자녀가 흐트러지지 않고 보고 배울 수 있도록 자신이 먼저 완벽한 모델이 되어 모범을 보이며 교육하는 역할이라고 하였다. 모범을 보이며 교육하는 역할은 카드 그림의 큰 원의 색인 초록색 블록으로 선택하였다.

7번 카드는 전차를 타고 있는 모습이 목표를 향해 전진해 나가는 느낌을 주어 자녀의 미래를 위해 방향을 제시하고 같이 노력하는 역할을 나타내 주는 것 같다고 하였다. 방향을 제시하고 노력하는 것은 열정적인 이미지의 빨간색 블록을 선택하였다.

4번 카드는 아버지 같은 느낌이고 집안의 가장 역할을 하며 직장에 가서 돈을 벌고 자녀를 지키는 역할이라고 하였다. 가장의 역할을 잘하려면 감정적인 면보다는 이성적인 면이 중요하다고 생각되어 이성을 상징하는 파란색 블록을 선택하였다.

21번

7번

4번

11번 카드는 저울과 칼을 들고 있는 사람의 모습이 법관처럼 보여서 권위를 가지고 자녀를 훈육하는 역할을 의미한다고 하였다. 훈육하는 역할은 자녀에게 상처를 주지 않고 부드럽게 하고 싶어서 주황색 블록을 선택하였다.

3번 카드는 곡식이 풍성하게 익어 있고, 푹신해 보이는 쿠션에 편안한 옷차림으로 앉아 있는 여자가 푸근하고 다정한 어머니처럼 보인다고 하였다. 음식을 만들어 먹이고, 자녀의 고민을 들어주며 돌보는 역할이 떠올랐다고 하였다. 돌보는 역할은 자녀에게 즐거움과 미소를 주는 느낌이라서 노란색을 선택하였다.

11번   3번

부모의 역할 중 중요한 역할이 무엇일까 생각해 보며 자녀를 돌보는 역할이 중요하다는 생각이 들었는데 정작 자신은 자녀와 많이 놀아 주지 못한 것 같다고 하였다. 자녀가 해 달라고 하는 것을 경제적으로는 다 해 주고 있었기 때문에 부모로서 역할을 잘하고 있다고 믿었다고 하였다. 자녀가 주말에도 학원 수업이 있어 자연스럽게 함께할 시간이 부족했는데 사실은 자신도 바빠서 자녀와 함께 놀 수 있는 마음의 여유가 없었다고 하였다.

  역할을 수행하는 정도를 블록의 개수로 표현하여 부모로서 모범을 보이며 교육하는 역할은 8개, 방향을 제시하고 같이 노력하는 역할은 7개, 가장의 역할은 6개, 권위를 가지고 훈육하는 역할은 6개, 돌보는 역할은 4개를 쌓았다.

역할과 컬러블록

  울타리를 만들면서 견고하고 튼튼해서 마음에 들었는데 자녀를 넣고 나니 답답하고 자녀한테 맞지 않는 공간처럼 느껴진다고 하였다. 좋은 학원을 찾아서 수업신청도 하고 자녀가 늦게까지 공부하면 자신도 집안일을 하며 깨어 있어서 자녀와 함께한다고 생각했는데 자녀의 생각은 다른 것 같다고 하였다. 그리고 자신이 자녀에게 경제적으로 부족함 없이 잘해 주기 위해 너무 많은 시간 동안 일을 하고 있는 것 같다고 하였다. 울타리 높이를 보니 자녀가 부담스러울 것 같으며 실제로 자녀가 자신과 함께하는 시간이 적어 힘들어한다고 하였다. 변화가 필요하다는 생각은 하고 있으나 잘 할 수 있을지는 자신이 없다고 하였다.

울타리

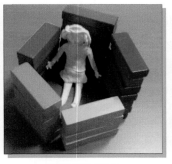

울타리와 자녀1

울타리와 자녀2

울타리에서 유지해야 할 부분을 살펴보며 자녀에게 모범을 보이며 교육하는 역할과 가장으로서 경제적인 부분을 책임지는 것은 변함없이 해야 할 부분이라고 하였다. 울타리에 변화를 준다면 구멍이 있는 울타리로 만들고 싶다고 하였고, 훈육도 적당히 하고 돌보는 역할도 적당히 수행해서 자녀가 숨 쉴 구멍이 있어야 할 것 같다고 하였다.

내담자의 자녀는 발달단계상 사춘기에 접어드는 연령이어서 학업 이외에도 사회, 심리, 성 등의 다양한 변화를 경험하는 또래 문화에 부모가 관심을 가질 필요가 있다고 코칭해 주었다. 자녀가 초등학교 5학년 여학생이고 또래관계가 매우 중요한 시기이므로 섬세하고 복잡한 여학생들의 또래관계에서 겪게 되는 크고 작은 갈등을 어머니와 이야기 나눌 수 있도록 지시적이고 교육적이기보다 지지적으로 들어 주는 역할을 하도록 코칭해 주었다.

변화된 울타리

3 롤 카드 (role card)

▌목표

1. 부모의 역할이 자녀의 성장과 함께 변화되어 가는 것을 이해하여 자신의 현재 역할을 살펴보고 앞으로의 역할을 예측할 수 있다.
2. 자녀의 성장에 맞춘 부모 역할상을 구성할 수 있다.

▌준비물

타로카드, 카드지(7cm×12cm 정도 크기), 유성매직, 색연필

▌활동방법

1. 현재 자녀와의 관계에서 자신의 부모 역할이 자녀의 성장단계에 맞추어 적절하게 변화되어 가고 있는지 점검한다.
2. 앞으로 자녀의 성장에 따라 변화되어야 할 부분 중 감소해야 할 역할과 증가시켜야 할 역할은 어떤 것인지 탐색한다.
3. 22개 타로카드의 인물과 이미지를 살펴보며 자신이 증가시켜야 할 역할을 상징하는 카드를 찾는다.
4. 각각의 역할이 필요한 이유는 무엇이고 어떤 상황에서 필요한지 이야기 나눈다.
5. 역할을 어떻게 수행할 수 있을지 그 방법을 구체적으로 찾는다.

6. 역할을 잘 수행하기 위해 기억해야 할 내용이나 의지를 카드지에 그림으로 표현하여 카드를 만든다.

7. 활동 후 느낀 점에 대해서 이야기 나눈다.

사례 1.

초등학교 5학년 여학생의 어머니

내담자는 최근 자녀가 학교에서 정서검사를 한 후, 점수가 좋지 않아 담임선생님과 면담을 했는데 자녀가 학업스트레스가 많고, 또래 친구들과 잘 어울리지 못해서 우울점수가 높게 나왔다고 하였다. 내담자는 지금까지 자녀의 학업성적에 초점을 맞추어 교육해 왔다고 하였다. 대학에 갈 때까지 학업에 대해 관여를 하지 않을 수는 없다고 하였다. 하지만 자녀에게 또래관계가 중요한 시기이고 대인관계 기술이 부족하다는 것을 알게 되었고, 지금은 자녀의 행복이 먼저라는 생각이 들어 자신의 역할에 변화가 필요하다고 하였다.

앞으로 자신이 증가시켜야 할 역할을 상징하는 카드로 13번, 8번, 6번을 선택하였다. 13번 카드는 새로 시작하는 태양의 이미지다. '나는 그대로인데 아이가 자라서 달라져 있다. 나도 이전과 많이 달라져야 할 것 같다.'고 하며 기둥 사이로 새롭게 떠오르는 태양처럼 새로 시작하려는 마음이라고 하였다. 8번 카드는 부드러운 대화 이미지다. 부드럽고 다정하게 대화를 나누는 모습처럼 보이며 강한 모습을 겉으로 다 드러내지 않아도 된다는 말을 해 주는 것 같다고 하였다. 6번 카드는 새로운 만남에 대한 이미지인데, 아이에게 집중했던 시간에 이제는 주변에 사람들도 만나고 싶은 마음이 들고 그렇게 되면 자연스럽게 아이를 덜 간섭할 수 있을 것 같다고 하였다.

| 13번 | 8번 | 6번 |

내담자는 역할을 수행할 구체적인 방법으로 주말 수학학원을 그만두고 한 달에 한 번 자녀와 야외활동 하기, 아침에 식탁에서 눈 마주 보고 웃어 주기, 숙제 다 했는지 물어볼 때 낮은 톤으로 천천히 부드럽게 말하기, 일주일 중 수요일 저녁부터 자기 전까지는 잔소리 안 하는 시간을 만들기, 학교공부나 학원수업 과 숙제이야기 이외에 친구들과의 관계나 또래에서 유행하는 옷차림이나 취미활동에 대해 이야기 나누기 를 찾았다.

카드의 이름은 '변화'라고 하였다. 새로운 만남을 표현한 것으로 구름이 악수하는 그림을 그렸고, 해가 뜨고 있는 상황은 자신이 조금씩 변할 것이라는 것을 알려 주는 의미라고 하였다. 시간이 지나면서 자녀 가 자라고 자신도 변해야 한다는 것을 기억하라고 알려 주는 의미의 카드라고 설명하였다.

자녀의 성장에 맞는 자신의 역할을 찾아보며 자녀가 많이 성장해 있고, 자녀는 자신과 닮았지만 다른 생각을 하고 있었다는 것을 알게 되었고, 앞으로는 옆에서 자녀를 지켜봐 주고, 부드럽게 기다려 주고, 대 화를 나눠 보고 싶다고 하였다.

롤 카드: 변화

사례 2.

중학교 1학년 남학생의 어머니

자녀는 또래 아이들보다 학습이 느리고, 생각도 어린 것 같다고 하며 자녀의 연령과 인지적 수준에서 오는 차이 때문에 현재 자신의 역할이 자녀의 연령에 맞는지 판단하기가 어렵고 자신이 잘하고 있는지 걱정이 많이 된다고 하였다. 특히나 한창 성에 대한 관심이 크고 학교에서 또래친구들에게 듣는 이야기를 여과 없이 물어봐서 당황스러울 때가 많다고 하며 어떻게 반응해야 할지 모르겠다고 어려움을 호소하였다. 그래서 치료사는 자녀의 신체 나이는 중학생이지만 또래 아이들의 이해 수준으로 호기심을 해결할 만큼 사고의 폭이 넓지 않기 때문에 지나치게 자세한 설명은 오히려 호기심을 과대자극하거나 오해를 불러일으켜 또 다른 문제를 일으킬 수 있음을 코칭해 주었다. 또 성교육은 자녀가 아는 것이 무엇인지를 정확하게 파악하여 눈높이에 맞는 일대일 교육이 되도록 해야 한다고 코칭해 주었다.

자신이 증가시켜야 할 역할을 상징하는 카드로 12번, 20번, 19번 카드를 선택하였다. 12번 카드의 물구나무 서고 있는 사람을 보면서 자신도 거꾸로 생각해 보고 싶다고 하여 자녀의 입장이 되어 생각하고 자녀의 이야기를 들어 주겠다고 하였다. 20번 카드는 음악에 맞춰 춤추는 모습이 즐거움, 행복의 이미지를 나타내는 것 같고 자녀에게 즐거움과 행복감을 느낄 수 있도록 노력하겠다는 마음이라고 하였다. 19번 카드에서는 자유로워 보이는 아이가 눈에 들어왔고, 자녀가 이 아이처럼 엄마의 눈치를 보지 않고 스스로 선택할 수 있도록 자상하고 부드럽게 대해야겠다고 하였다. 그리고 태양의 이미지는 긍정적인 생각처럼 느껴진다고 하며 자신을 닮아 자녀도 걱정이 많은데 긍정적인 생각을 하도록 자신이 모델이 되어야겠다고 하였다.

12번

20번

19번

내담자는 증가시켜야 할 역할에 대한 구체적인 실천방법으로 '중간에 말을 끊거나, 짜증내지 않고, 자녀의 이야기를 끝까지 들어 준다.' '무기력하고 늘 피곤하다는 말을 자주 하는데 내가 즐거워야 자녀도 밝게 자랄 수 있을 것이라는 생각으로 웃는 모습을 많이 보일 수 있도록 노력해야겠다.'는 것을 찾았다.

내담자는 자녀의 입장에서 생각해 보는 의미로 자녀를 가운데 그리고 자신은 옆모습으로 가장자리에 그렸다고 하였다. 부드럽게 머리를 쓰다듬어 주며 웃고 있는 모습은 자신이 해야 할 행동을 알려 주는 것이라고 하였다. 자녀가 웃고 있는 태양처럼 긍정적인 생각을 가지고 더 큰 세상으로 나아가기를 바라는 소망을 담고 있다고 하였다. 그래서 카드의 이름을 '소망'이라고 붙였다고 설명하였다. 내담자는 자녀가 질문이 많고 안 해도 되는 이야기들을 하여 짜증나고 귀찮을 때가 많았는데 자신의 역할을 찾아보며 생각이 바뀌었다고 하였다. 자녀의 입장에서 생각해 보면 궁금해서 물어보는 것인데 말을 못하게 해서 미안하다고 하며 자녀의 이야기를 귀담아 들어 주어야겠다고 하였다.

자녀가 내담자와의 대화를 즐거워하고 많이 한다는 것은 건강한 관계를 뜻한다고 알려 주었다. 내담자가 자녀의 이야기를 잘 듣고 자녀에게 적절하게 반영하는 반응을 보이는 의사소통 기술의 모델이 되도록 코칭해 주었다.

롤 카드: 소망

Tip

자녀의 발달단계와 부모 역할 변화 지표**

시기	역할
영아기	보육자 보호자로서의 역할 기본적 신뢰감 형성 자극을 제공 자율성 발달 촉진 학습경험 제공
유아기	양육자로서의 역할 훈육자로서의 역할 자아개념의 발달 촉진 주도성 발달 촉진 학습경험 제공
아동기	격려자로서의 역할 훈육자로서의 역할 근면성 발달 촉진 긍정적 자아개념 형성 학습경험 제공
청소년기	격려자로서의 역할 상담자로서의 역할 의사소통기술의 모델

**이숙, 우희정, 최진아, 이춘아(2009). 훈련중심 부모교육. 서울: 학지사.

3 부모 효율성 코칭

짚고 가기

　부모와 자녀 사이에 발생하는 문제들을 효율적으로 다루지 못할 경우 관계에 문제가 생길 수 있다. 효율성은 문제가 있는 부모에게도 필요하지만 자녀와의 문제를 예방하는 것에도 도움이 된다. 또한 부모효율성이 높은 부모는 양육 상황에서의 스트레스도 상대적으로 낮게 느끼는 경우가 많으므로 부모효율성을 향상하는 것은 중요하다.

　부모는 효과적인 방법과 기술을 사용하여 문제해결과 효율적인 의사소통을 하며 부모효율성을 높일 수 있다. 먼저 부모가 자녀의 행동에 대해 느끼는 느낌은 상황에 따라 변하기 때문에 부모와 자녀의 상황적 요인에 따라 부모의 수용수준을 파악해야한다. 그리고 문제의 소유를 파악하면 문제를 해결하는 데 도움이 된다. 문제의 소유란 어떤 문제로 인해 고통을 받는 사람이 누구인가를 의미하는 것으로 문제의 소유자는 자녀, 부모, 소유자 없음이 될 수 있다. 문제의 소유자가 자녀일 경우 자녀가 스스로 문제를 해결할 수 있도록 도와주도록 하고, 이때 부모가 자녀의 말을 효과적으로 들어주는 반영적 경청이 도움이 된다. 만약 부모가 문제를 가졌을 때는 부정적인 감정이 부모 자신의 문제라고 판단하여 부모의 느낌과 감정을 자녀에게 전달해 주는 '나-전달법'을 사용한다. 부모와 자녀 사이의 갈등은 자연스럽게 일어나는 것이므로 부모와 자녀가 함께 합의하여 결정하고 승자와 패자가 없이 해결되는 방법인 무승부법을 사용한다.

　자녀의 행동 수준을 부모의 기준에서 높게 기대하지 않고 자녀의 발달 수준에 맞춘다면 자녀와 함께 효율적으로 문제를 다루는 것에 어려움이 덜 할 것이다. 부모가 효율적으로 자신의 역할을 수행하고 자녀를 도울 수 있도록 코칭할 때, 자신이 인지하지 못했던 부분을 의식화하여 살펴볼 수 있는 미술치료를 활용하면 더욱 효과적이다. 미술치료를 활용하면 에너지가 비교적 적은 부모나 공격적인 부모도 비언어적 표현을 통하여 안전한 표현을 할 수 있고 무력감을 완화하여 성취감을 느끼고 자존감도 향상할 수 있다.

함께 가기에서는 거울작업을 통해 자녀를 대할 때의 표정과 태도에 대해 알고 긍정적으로 변화시킬 수 있는 방법을 탐색하고 실천하여 부모로서의 효율성을 높일 수 있다. 그리고 자신이 자녀를 대하는 수용 수준에 대해 생각해 보고 그에 따른 감정 점수를 수치화하여 자신의 수용 수준을 알아보고 양육을 효율적으로 할 수 있다. 또 가족구성원의 역동에 대해 탐색해 보고 가족의 균형을 이루는 방안을 탐색하여 문제를 예방하고 해결하도록 도울 수 있다.

1 셀프 컨디셔닝(self conditioning)

▌목표

1. 자녀를 대할 때 자신의 주된 표정과 태도를 알 수 있다.
2. 자녀를 긍정적으로 대하기 위해 자신의 표정과 태도를 변화시킬 수 있는 방법을 탐색하고 실천하여 부모로서의 효율성을 높일 수 있다.

▌준비물

거울, 카메라, 유성매직

▌활동방법

1. 자신이 평소에 가족 또는 자녀를 대할 때와 가정에서의 표정이 어떤지 생각해 보고 힘들 때의 표정에 대해서 이야기 나눈다(예: 아이를 볼 때 찡그린다, 남편을 볼 때 불만스런 표정이다, 집안일을 할 때 무표정이다 등).
2. 거울을 보며 하루 중 자녀와 관계가 좋지 않을 때 또는 양육에 대한 어려움이나 고민이 있을 때 자신이 가장 많이 짓는 표정을 지은 후, 거울 위에 유성매직으로 표정을 따라 그리고 카메라로 사진을 찍는다.
3. 거울에 그린 표정을 보며 자신의 부정적인 표정과 태도를 변화시켜야 할 이유에 대해 탐색한다.

4. 부정적인 표정과 태도를 긍정적으로 변화시키거나 기분이 좋아지도록 하기 위해 무엇을 하면 도움이 되는지 자신만을 위한 물건 또는 시간을 생각하여 이야기 나눈다.

5. 거울에 그려진 표정을 긍정적인 표정으로 바꾸어 그리고 자신만을 위한 물건 또는 시간을 그림으로 표현한다.

6. 자신과 거울을 보며 조화롭게 꾸민 후, 사진을 다시 찍는다.

7. 사진을 비교해 보고 앞으로 자녀를 대할 때 어떤 표정과 태도로 대하면 좋을지 구체적인 실천방법을 찾는다.

8. 활동 후 느낀 점에 대해서 이야기 나눈다.

사례 1. 초등학교 3학년 여학생의 어머니

내담자는 평소 부모 역할이나 과제 수행을 적극적으로 하지 않고 의지가 없었으며 자신의 의사나 감정 표현을 많이 하지 않고 양육 스트레스가 높았다. 자신이 평소에 가족 또는 자녀를 대할 때와 가정에서의 표정이 어떤지 생각해 보도록 하자 계속 미소만 띠고 있었다. 내담자의 미소를 보면서 기쁠 때의 밝은 표정이냐고 묻자 고개를 끄덕였다. 그리고 "좋을 때는 웃고 안 좋을 때는 찡그리죠 뭐."라고 했다. 내담자는 평소 자신의 표정에 대해 탐색이 어려웠기 때문에 다양한 예시를 들어 주며 구체적으로 이야기 해 달라고 하자, "아이가 공부를 열심히 하고 말도 잘 들으면 웃고, 말을 듣지 않고 마음대로 하면 스트레스가 너무 많이 쌓여서 무서운 표정을 지어요."라고 하였다.

거울을 보며 하루 중 자녀가 말을 듣지 않고 마음대로 할 때의 감정이 표현되도록 표정을 지어 보도록 하자 고개를 오른쪽으로 기울이면서 무표정한 얼굴을 하였다. 그 때 거울에 비친 자신의 모습을 보고 거울 위에 유성매직으로 따라 그리도록 하였다. "그림을 잘 못 그리는데."라고 하면서 머뭇거리다가 그림을 다 그리고 나서는 "삐죽거리고 있는 것 같네요."라고 하면서 웃었다.

부정적인 표정 그리기 부정적인 표정

삐죽거리고 있는 표정의 사진을 찍고 그림을 함께 보았다. 내담자의 삐죽거리는 표정을 밝은 표정으로 변화시켜야 할 이유에 대해 질문하자 "웃는 게 보기도 좋고, 내가 아이한테 느끼는 감정을 자꾸 나쁘게 보여주니까 아이도 힘들어하고 또 그 표정을 배우는 것 같더라고요."라고 하였다.

자신의 표정을 밝게 변화할 수 있도록 얼굴을 먼저 변화시켜 보자고 하자, 시간을 가지고 생각한 후에 눈과 입을 지우고 웃는 눈과 입으로 바꾸어 그렸다. 자신의 표정과 태도를 긍정적으로 바꾸기 위해서 또는 기분이 좋아지기 위해서 무엇을 하면 도움이 되는지 자신만을 위한 물건 또는 시간에 대해 생각해 보도록 하였다. 내담자는 자녀를 먼저 떠올리고 자녀가 좋아하는 것에 대해 이야기하였다. 이 작업에서는 자녀보다 내담자 자신에 대해 알도록 하기 위한 것임을 강조하여 이야기하고 다양한 예시를 말해 주었더니 다양한 색깔의 유성매직을 들고 조금씩 꾸며 주기 시작했다.

그다음으로 내담자 자신을 위한 시간을 표현하였다. 자녀가 학교에 간 뒤 집안일을 조금 하고 나면 자녀가 학교에서 돌아오는 시간까지는 자유시간이라고 하면서 "이때는 마음이 편하고 마음껏 잘 수 있어서 좋아요."라고 하였다.

자유시간

여유가 있으면 머리카락 염색도 하고 예쁜 귀걸이와 목걸이를 하고 립스틱도 바르면 기분이 좋아질 것 같다고 하면서 색을 칠하였다. 또 "초콜릿은 먹으면 기분이 좋아지니까." 라고 말하면서 초콜릿을 그리고 따뜻한 차를 그려 주었다.

긍정적인 표정

부정적인 표정과 긍정적인 표정을 찍은 사진을 비교해 보면서, 어떤 생각이 드는지 질문하자 "힘들 때 삐죽거리지 말고 초콜릿도 먹고 잠도 자고 아이에게 웃어 줘야겠어요." 라고 하면서 앞으로 자녀를 대할 때 웃는 표정을 많이 하고 부드럽게 대해야겠다고 하였다. 내담자는 양육 스트레스가 높은 편이므로 양육 스트레스를 낮추고 부모효율성을 높이기 위해서는 자신과 자녀에 대해 잘 알 필요가 있는데, 그 중 먼저 자신에 대해 알고 자신을 먼저 잘 돌봐 주어야 자녀를 양육하는 데 긍정적인 효과가 있다는 것에 대해 코칭해 주었다.

사례 2.

내담자에게 자신이 평소에 가족 또는 자녀를 대할 때와 가정에서의 표정이 어떤지 생각해 보도록 하자 "할 수 있는 만큼 긍정적인 표정과 마음을 하려고 노력해요."라고 말하여 최근 자녀를 과잉보호하는 자신에 대해 알고 변화를 시도하고 있다고 하였다. 내담자에게 구체적인 상황과 표정에 대해 질문했더니, 하루 종일 집안일을 하고 밥을 5번 정도 차리는 등 가족을 위해 노력하고 있는데 피곤하다고 짜증을 내며 인상 쓰는 자녀를 보고 기분이 좋지 않았다며 "좋게 웃으면서 표현하지 못했지만 공부하느라 힘들어서 그랬을 것이라 생각하고 달래 주지는 않고 넘어갔어요."라고 하였다.

내담자에게 거울을 보면서 하루 중 자녀와 관계가 좋지 않을 때 또는 양육에 대한 어려움이나 고민이 있을 때 가장 많이 짓는 표정을 지어보도록 하자 "눈꼬리가 위로 올라갔을 것 같네요."라고 하면서 "지금은 화가 안 나서 표정이 안 나오지만 그림으로는 그릴 수 있을 것 같아요."라 하여 거울에 그림으로 바로 표현하도록 하였다. "집안일도 다 혼자하고 나만 참고 기분이 나빠요."라고 하면서 앞치마를 두르고 있는 자신을 그리고 위로 찢어진 눈과 한 쪽 입꼬리가 위로 올라간 입술을 그렸다.

부정적인 표정 그리기

　　내담자의 부정적인 표정 그림을 찍어 두고, 그림을 바라보며 어떤 생각이 드는지 질문하였다. 내담자는 "내가 아이라면, 엄마가 이상한 표정을 짓고 있지 말고 집안일을 빨리 끝내고 예쁘게 꾸미고 있으면 좋겠네요."라고 하였다. 내담자는 "항상 좋게 생각하고 좋게 표현하려고 했는데 실제로는 그렇게 하지 못한 것 같아요."라고 하면서 긍정적인 표정을 하고 긍정적인 태도를 갖도록 해야겠다고 하였다.

　　내담자는 자신의 힘든 마음과 화난 표정을 풀어 주어 긍정적으로 바꾸기 위해서 눈을 바로 뜨고 얼굴에 화장을 하고 마스카라도 하고 짙은 분홍색 립스틱을 바르면 기분이 좋을 것 같다고 하였다. 또 "금 목걸이도 하고 고급진 블라우스와 치마를 입고 구두도 신어야겠어요."라고 하였다. 자신을 위한 것으로 몸에 좋고 맛있는 과일, 빵, 요거트를 그려 주고 노래를 부르는 시간이 필요하다고 하면서 음표를 그리며 춤을 추는 모습을 그리고 싶다고 하였다.

긍정적으로 바꿔 그리기

자신을 위한 시간으로 자녀를 학교에 보낸 후 노래를 들으면서 설거지를 하고 나면 맛있는 과일을 먹을 수 있다고 하면서 시계를 그렸다.

자유시간

그리고 힘들 때는 다 잊고 맛있는 음식 먹고 노래도 부르면 좋겠다고 하면서 "남들이 좋다하는 비싼 가방 같은 것은 필요 없어요. 여기에 예쁘고 좋은 마음도 어떻게 표현하고 싶어요."라고 이야기하면서 옷에 색칠을 하여 자신을 더 밝게 꾸며 주었다.

긍정적인 표정

마지막으로 꾸며 준 그림을 보고 살사 춤을 추는 것을 그려야 하는데 아쉽다고 하면서 "잘 표현하지 못하겠어서 안했는데 그것만 그리면 완벽할 것 같고 보기만 해도 기분이 좋아요."라고 말하였다. 전과 후의 사진을 비교해 보면서 "마음먹기 나름인 것 같은데 서로서로 도와서 더 잘 해야겠어요."라고 하였다.

내담자가 실제로 변화시켜 표현하는 것을 실천하도록 하기 위해 앞으로 자녀를 대할 때 어떤 표정과 태도로 대하면 좋을지 구체적으로 생각하도록 하였다. 그리고 내담자에게 자녀가 인상을 쓰는 것에 대해서, 자녀가 왜 인상을 쓰는지 질문해주고 경청하여 듣고 반응해 주는 것만으로도 문제를 해결하는 데 도움이 된다는 것을 알려 주고 내담자가 가족을 위해 노력하는데 가족이 자신의 노력을 알아 주지 않을 때 힘든 표정을 하거나 혼자 참지 않고 자신의 느낌과 감정을 자녀와 배우자에게 전달하는 적절한 방법에 대해 코칭해 주었다.

그리고 자녀 이해와 부모 자신에 대한 이해를 위해 정서, 생활방식, 자신의 부모됨을 살펴봐야 하는 것에 대해 이야기해 주고 완벽한 부모와 책임감 있는 부모의 차이점에 대해 코칭해 주었다. 부모가 소극적이거나 부정적인 방법으로 자녀를 양육했을 때, 적절하거나 긍정적인 방법으로 양육했을 때 등 부모의 양육태도에 따라 다르게 형성될 수 있는 자녀의 성격에 대해 알려 주고 비교해 보도록 하여 스스로 어떤 부모가 되도록 어떻게 실천해 볼 것인가에 대해 이야기 나누었다.

Tip

1. 같은 각도에서 사진을 찍어 비교하기 위해 삼각대를 설치할 수 있다.

2. 거울에 그린 그림을 등 뒤로 하여 셀카(셀프 카메라: 스스로 찍는 사진)를 찍어 비교해 볼 수 있다.

3. 큰 거울이 준비된다면, 한 쪽에 부정적인 표정의 그림을 그려서 그대로 두고, 옆쪽에 변화된 긍정적인 표정의 그림을 그려서 처음에 그린 부정적인 표정의 그림과 비교할 수 있다.

4. 유성매직 대신 보드마카를 사용할 수 있고, 잘 지워지지 않는 매체를 사용하거나 잘 못 그려진 그림 또는 다 그린 그림을 지울 때 클리너 물티슈 또는 아세톤을 사용하면 잘 닦을 수 있다.

2 부모 수용성

목표
1. 자녀를 대하는 수용 수준에 대해 알 수 있다.
2. 자녀를 대하는 수용 수준을 높여 양육의 효율성을 향상시킬 수 있다.

준비물
다양한 크기와 모양의 상자 또는 투명 플라스틱 컵, 학알을 접을 수 있는 띠 형태의 두 가지 색지, 다양한 색상의 네임펜, 가위

활동방법
1. 상황에 따라 받아들이는 기준이 달라지는 수용 수준에 대해 이야기 나눈다.
2. 자신의 기분이나 상태 등 상황에 따라 자신이 어떤 것을 받아들이는 기준이 얼마나 다른지 생각해 보고, 자녀에게는 어떤 상황에서 얼마나 수용해 주며 그 수용 수준이 높은지 낮은지 이야기 나눈다(예: 기분이 좋을 때는 학생인 자녀가 비비크림을 바르는 행동도 품어 줄 수 있어서 그 정도의 행동은 수용이 되므로 이때의 수용 수준은 높다. 같은 상황이지만 기분이 좋지 않을 때는 공부에는 신경을 쓰지 않고 외모에만 신경을 쓰는 것 같아 못마땅해서 수용이 되지 않으므로 이때의 수용 수준은 낮다).
3. 다양한 크기와 모양의 상자 중에 어떤 모양이 수용 수준이 높을 때를 나타낼 것 같은지 선택하여 상자에 수용 수준이 높은 상황의 자신과 자녀의 행동 또는 모습을 그린다.

4. 다양한 크기와 모양의 상자 중에 어떤 모양이 수용 수준이 낮을 때를 나타낼 것 같은지 선택하여 상자에 수용 수준이 낮은 상황의 자신과 자녀의 행동 또는 모습을 그린다.

5. 띠 형태의 두 가지 색지 중에 한 가지 색에는 자녀의 행동에 대한 긍정적 감정, 다른 색에는 자녀의 행동에 대한 부정적 감정에 관한 내용을 적은 후, 학알을 접는다.

6. 자녀와 갈등이 있었지만 자신의 기분이 좋아서 화를 많이 내지 않았던 상황의 감정을 되살리면서, 접어 둔 학알을 '수용 수준이 높은 상황을 그린 상자'에 넣고 수용 수준에 따른 감정 점수를 상자에 표시한다(예: 수용 수준이 높을 때의 자녀의 행동에 대한 긍정적 감정을 의미하는 하늘색 학알은 8개, 부정적 감정을 의미하는 검정색 학알은 3개 넣고 그 수만큼 색칠한다).

7. 자녀와 갈등이 있었는데 자신의 기분이 좋지 않아서 화를 많이 냈던 상황의 감정을 되살리면서, 접어 둔 학알을 '수용 수준이 낮은 상황을 그린 상자'에 넣고 수용 수준에 따른 감정 점수를 상자에 표시한다(예: 수용 수준이 낮을 때의 자녀의 행동에 대한 긍정적 감정을 의미하는 하늘색 학알은 1개, 부정적 감정을 의미하는 검정색 학알은 7개 넣고 그 수만큼 색칠한다).

8. 기분과 상황에 따라 자녀를 수용하는 정도가 달라지는 모습을 보며 이러한 모습이 자녀와의 관계에서 어떤 영향을 주는지 이야기 나눈다.

9. 활동 후 느낀 점에 대해서 이야기 나눈다.

☆ 이렇게도 할 수 있어요

'활동방법 3'에서 투명 플라스틱 컵 두 개를 준비하여 컵 하나에 수용 수준이 높을 때의 자신과 자녀의 행동 또는 모습을 그린다.

'활동방법 4'에서 다른 투명 플라스틱 컵에는 수용 수준이 낮은 상황의 자신과 자녀의 행동 또는 모습을 그린다.

'활동방법 5'에서 띠 형태의 다양한 색지를 준비하여 긍정적 감정과 부정적 감정을 여러 가지 선택하여 그 감정에 관한 내용을 적고 난 후, 학알을 접는다.

사례 1.   초등학교 5학년 여학생의 어머니

내담자에게 상황에 따라 자녀를 대하는 정도를 생각해 보도록 하였다. 기분이 좋을 때는 자녀에게 사랑한다는 표현을 하면서 많이 웃어 주지만 기분이 좋지 않을 때는 미운 행동이나 말을 하는 자녀를 쳐다보기도 싫다고 하였다. 내담자는 "내가 기분 좋을 때는 다 봐줄 수 있어요. 하지만 기분도 안 좋은데 아이가 잘못했을 때는 혼을 더 많이 내는 것 같아서 이때는 수용 수준이 좀 낮은 것 같아요."라고 하였다.

동그라미 모양과 세모 모양 상자 중에 동그라미 모양 상자가 수용 수준이 높을 때를 나타내는 것 같다고 선택하였다. 자녀와 눈을 맞추고 있는 그림을 그리고 뚜껑에는 웃는 이모티콘과 하트를 그리고 나서 '사랑해'라고 적었다. 수용 수준이 낮을 때를 나타내는 세모 모양 상자에는 자신이 등을 돌리고 화를 내는 모습과 풀이 죽은 자녀의 모습을 그렸다. 뚜껑에는 입을 다물고 있는 화가 난 이모티콘을 그렸다.

상자에 그림 그리기

자녀의 행동에 대한 감정 두 가지로 긍정적인 감정은 사랑, 부정적인 감정은 분노라고 정하고 사랑은 노란색, 분노는 파란색으로 띠 형태의 색지를 선택하였다. 각각의 띠 형태의 색지에 사랑과 분노에 대한 내용을 적을 때 분노에 대해서는 비교적 편하게 써 내려 가는 반면 사랑에 관한 내용은 생각하는 시간을 많이 가지며 "이것도 되나요?"라고 자주 질문하였다.

띠 형태의 색지에 내용 적기

글을 다 쓰고 나서 학알을 만들기 위해 세모를 접는 방법을 배워 보았다. 세모를 접으니까 글씨가 부분적으로 보이기도 하고 가려진다고 하면서 분노에 대한 내용이 조금 가려지는 것 같아 다행이라고 하였다. 그래서 사랑에 대한 내용은 잘 보이도록 하고 분노에 대한 내용은 가능한 가려지도록 하여 학알을 만들었다.

세모 접기

학알 만들기

갈등이 있지만, 기분이 좋아서 수용 수준이 높을 때는 사랑이 10점 만점에 9점, 분노가 10점 만점에 1점이라고 하면서 동그라미 모양의 상자에 학알을 넣어 주고 감정 점수를 표시하였다. 그래서 사랑의 노란색 학알 1개와 분노의 파란색 학알 9개가 남았다.

수용 수준이 높을 때의 점수

갈등 상황에서 기분이 좋지 않아서 수용 수준이 낮을 때는 분노가 10점 만점에 8점, 사랑이 1개도 아까워서 10점 만점에 0.5~1점이라고 하면서 세모 모양 상자에 학알을 넣어 주고 감정 점수를 표시하였다. 그래서 사랑의 노란색 학알 9개와 분노의 파란색 학알 2개가 남았다.

수용 수준이 낮을 때의 점수

이렇게 상자에 그림을 그리고 사랑과 분노의 학알을 접어 표현해 보니, 어릴 때 경험이 떠오른다고 하였다. 내담자의 부모가 보여 주었던 상황에 따라 다른 반응에 대한 경험을 이야기하며 "나도 상황에 따라 다른 부모님의 태도에 많이 헷갈렸던 것 같아요."라고 하였다. 내담자는 자신이 자신의 자녀라면 기분과 상황에 따라 달라지는 부모의 태도에 혼란스러웠을 것 같다고 했다. 그리고 자녀가 자신을 믿지 못할 수도 있고 상황을 이용할 수도 있을 것 같다며 나름대로의 기준을 가져야겠다고 하였다. 그리고 어떻게 하면 부모의 부정적이었던 역할의 고리를 끊고 긍정적이고 효율적으로 자녀를 기를 수 있을 것인가에 대해 이야기 나누었다. 또 내담자에게 자신의 기분에 따라 자녀의 행동에 대해 긍정적인 감정과 부정적인 감정을 다르게 표현하지 않고 자녀의 문제를 받아들이는 기준을 잡아 객관적으로 바라보는 것이 중요하다고 알려 주었다. 그리고 자녀의 행동을 이해하고 수용하는 수준이 어느 정도인지 파악하기 위해서는 부모 자신의 기분이나 행동, 욕구에 대해 생각해 볼 필요가 있으며 자녀의 행동이 일어나는 시간이나 장소와 같은 환경적 영향, 자녀의 연령이나 특성을 잘 관찰하여 알고 있으면 도움이 된다고 코칭해 주었다.

사례 2.   초등학교 1학년 남학생의 어머니

　　내담자에게 자신의 기분이나 상태 등 상황에 따라 자녀를 대하는 정도를 생각해 보도록 하자 "상황이고 뭐고 아이 때문에 너무 힘이 들어요."라고 하면서, 집이 엉망인데 물건을 더 어지럽혀 놓고 가르쳐 주어도 할 일을 알아서 하지 않는다고 하였다. 그때의 내담자 기분에 대해 묻자 '그렇지 않아도 할 일이 많아서 머리가 아픈데 쟤까지 또 저러네…'라는 생각을 한다고 하였다. 만약 그때에 집이 잘 정리되어 있고 할 일도 많지 않아 기분이 좋았다면 어땠을지 질문하자 "아이에게 할 일을 가르쳐 주면서 챙겨 주었을 거예요."라고 하였다. 자녀에 대한 이러한 자신의 수용 수준에 대해 조금 더 자세히 알아보도록 하였다. 기분이 좋을 때는 "많이 안아 주고 함께하는 시간이 많은데 기분이 좋지 않으면 무서운 표정을 하고 멀리 떨어져 있어요."라고 했다.

　　투명 플라스틱 컵에 작업하였는데 첫 번째 투명 플라스틱 컵에는 수용 수준이 높을 때로 자녀를 꼭 안고 있는 모습을 그렸고, 다른 투명 플라스틱 컵에는 수용 수준이 낮을 때로 자녀와 따로 떨어져서 인상을 쓰고 있는 그림을 그려서 표현하였다.

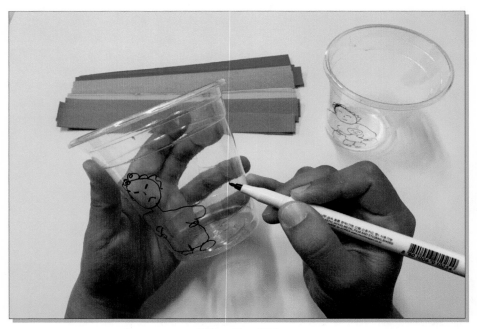

컵에 그림 그리기

띠 형태의 다양한 색지를 제시하였는데 자녀의 행동에 대한 긍정적인 감정으로 빨간색은 사랑, 부정적인 감정으로 초록색은 분노, 주황색은 미안함을 표현하고 나머지 색깔인 연두색은 감정이 생각나지 않는다고 빼고 싶다고 하였다. 그리고 색지를 다 채우지 못하겠다고 하여 더 구체적인 상황을 생각해 보도록 도왔다.

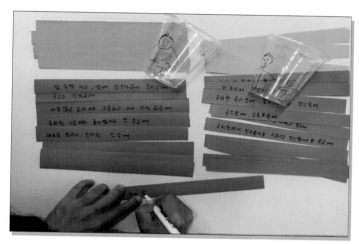

띠 형태의 색지에 내용 적기

띠종이에 글을 다 써서 채우고 나서 학알을 만들기 위해 세모를 접는 방법을 배웠다. 내담자는 "세모를 반듯하게 접으면 내가 아이를 더 효율적으로 기를 수 있을 것 같다."고 하면서 웃었다. 또 세모를 접으면 글씨가 가려지니까 색과 감정을 잘 기억해야 할 것 같다고 하였다. 세모를 다 접은 뒤, 사랑에 대한 내용은 잘 보이도록 하고 분노와 미안함에 대한 내용은 가능한 가려지도록 하여 학알을 만들었다.

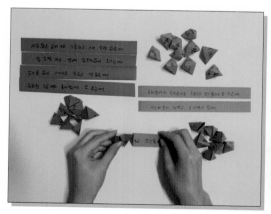

세모 접기

학알 만들기

갈등이 있지만, 기분이 좋아서 수용 수준이 높을 때는 사랑이 10점 만점에 9점, 분노가 10점 만점에 0점, 미안함이 10점 만점에 3점이라고 하면서 사랑의 상자에 학알을 넣어 주고 감정 점수를 표시하였다. 그래서 사랑의 빨간색 학알 1개, 분노의 초록색 학알 10개, 미안함의 주황색 학알 7개가 남았다.

수용 수준이 높을 때의 점수

갈등 상황에서 기분이 좋지 않아서 수용 수준이 낮을 때는 사랑이 10점 만점에 1점, 분노가 10점 만점에 10점, 미안함이 10점 만점에 6점이라고 하면서 분노의 상자에 학알을 넣어 주고 감정 점수를 표시하였다. 그래서 사랑의 빨간색 학알 9개, 분노의 초록색 학알 0개, 미안함의 주황색 학알 4개가 남았다.

수용 수준이 낮을 때의 점수

컵에 담긴 학알을 보며 "이렇게 아이를 계속 대하면 아이가 나를 이해 못 할 것 같고 나중에 커서 이상한 애가 될 것 같아요."라고 말하며 "근데 기분이 좋을 때나 안 좋을 때나 똑같이 대하려고 하는데 나도 사람이라서 잘 되지 않는 것 같아요."라고 하였다.

부모가 상황에 따라 변하는 자신의 수용 수준과 문제의 소유를 파악하면 자녀가 성장할 때 생기는 문제를 해결하고 예방할 수 있다고 알려 주자, "진짜요? 문제를 해결하고 예방할 수 있다면 해야죠."라고 말하며 이러한 내용을 부모가 되면서 다 배웠더라면 좋았겠다고 하였다. 내담자는 "앞으로 화가 나도 조금 시간을 가지고 참고 아이에게 상처가 되지 않게 잘해 주어야겠어요."라고 하였다. 마지막으로 내담자에게 '나 전달법'을 설명해 주고 연습하도록 하였다. 문제를 유발하는 자녀의 행동은 무엇인지 적어 보고, 그 행동이 부모에게 어떤 영향을 끼치고 있는지 생각해 보며, 그 결과에 대해 어떤 느낌을 가지고 어떻게 전달할 수 있는가에 대해 코칭해 주었다.

▎Tip

1. 내용을 자세히 적기 위해서 두 가지 색깔 띠종이를 만들어서 사용할 수 있고, 문구점에 판매하는 학알 접기 세트를 구매하여 사용할 수도 있다.

2. 상자는 다양한 모양의 상자(동그라미, 세모, 네모, 하트 모양) 중에 선택할 수 있도록 하고, 부모가 자신과 자녀에 대해 생각했을 때 떠오르는 모양의 상자를 준비해도 좋다.

가족 균형도

3

▌목표

1. 가족균형에 기여하는 가족구성원의 역동에 대해 탐색할 수 있다.
2. 건강한 가족균형을 이루기 위한 구체적 실천방안을 탐색할 수 있다.

▌준비물

색마분지 또는 색도화지, 잡지, 모양 스티커, 사인펜, 가위, 풀

▌활동방법

1. 색마분지 또는 색도화지 중 자신의 가족구성원을 상징하는 색을 가족 구성원마다 1장씩 선택하고 그 색을 고른 이유에 대해 이야기 나눈다.
2. 선택한 색마분지 또는 도화지의 긴부분(38.5cm)을 그대로 두고 폭 12cm 길이로 가족 구성원의 수만큼 자른다(38.5cm × 12cm).
3. 자른 종이를 반으로 접은 후 접힌 부분이 위나 옆으로 가도록 세워 기둥 형태를 만든다.
4. 자신을 포함한 가족구성원 각각을 생각하면 떠오르는 이미지나 상황 등을 잡지에서 찾아 오린다.
5. 가족구성원을 상징하는 색에 맞추어 각 기둥의 한 면에 잡지에서 오린 자신, 배우

자, 자녀의 이미지나 상황 사진을 각각 붙이고 이미지나 상황의 의미에 대해 이야기 나눈다.

6. 각 기둥의 다른 면에 가족구성원이 각자 가족의 평화에 기여하는 정도, 양육에 협조하는 비율, 자기 비전을 위해 노력하는 정도를 각각 상징하는 모양 스티커를 선택하여 종이 상단에 붙인다(예: 가족의 평화에 기여하는 것은 비둘기 모양 스티커, 양육에 협조하는 비율은 '참 잘했어요' 스티커나 상장 또는 리본 스티커, 자기의 비전을 위해 노력하는 것은 별 모양 스티커 등).

7. 스티커 아래에 각 항목별로 10점 만점의 눈금자나 막대그래프를 그리고 점수를 기록한다.

8. 가족구성원으로 표현된 각 기둥을 가족구성원 간 밀착, 회피, 거리감 등에 대해 생각하여 기대거나 겹쳐 놓거나 따로 세워서 가족의 역동을 시각화시킨 가족균형도를 만든다.

9. 가족이 건강한 균형을 이루기 위해 자신은 무엇을 할 수 있는지 생각하여 이야기 나눈다.

10. 가족균형을 위해 자신의 역할을 잘 감당하고 있다면 스스로에게 격려와 칭찬을 하고, 노력할 부분이 있다면 구체적인 실천방안을 생각하고 이야기 나눈다.

11. 활동 후 느낀 점에 대해서 이야기 나눈다.

사례 1.

내담자 가족은 남편과 딸, 아들 4인 가족이다. 색도화지 중 자신은 흰색, 남편은 하늘색, 큰 딸은 주황색, 아들은 초록색으로 상징하는 색을 선택하였다. 각 색의 의미로 자신은 자신만의 빛깔이 있는 것 같아서 흰색으로 선택하였고 남편은 자신에게 든든한 하늘과 같아서 하늘색, 딸은 아직 무한한 가능성이 많은 것 같아 서로 다른 색이 섞여서 만들어진 주황색, 아들은 아직 자신에게는 아기 같아서 더 자라야 한다는 의미로 '성장'을 떠올리게 되는 초록색을 선택하였다고 하였다.

나의 상징 색

남편의 상징 색

딸의 상징 색

아들의 상징 색

자신을 상징하는 이미지로 향수를 선택하였는데 향수는 분명한 향이 있듯 자신도 분명한 자신만의 빛깔이 있다고 하였다. 남편의 상징은 남편이 가정적이고 따뜻한 사람이기 때문에 빛이 들어오는 따뜻한 집이고, 딸은 사물을 바라보고 관찰하기를 좋아하기도 하고 카메라 렌즈처럼 딸의 시선을 거치고 나면 뭔가 정리 정돈된 느낌이 들어서 카메라, 아들은 여전히 호기심 많고 손으로 만지는 것 좋아하며 환하게 웃고 있는 아이 같아서 아이들 사진을 선택했다고 하였다.

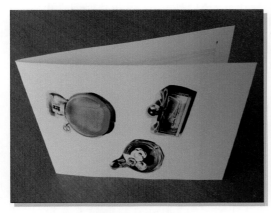
내담자의 상징: 향수

남편의 상징: 햇살 비치는 집

딸의 상징: 카메라

아들의 상징: 웃는 아이

　가족구성원이 가족의 평화에 기여하는 정도는 리본 스티커, 양육에 협조하는 비율은 돼지 모양 스티커, 자기 비전을 위해 노력하는 정도는 별 모양 스티커를 선택하여 표현하였고 각 항목별로 막대그래프를 그린 후 점수를 기록하였다.

　남편은 양육과 가족 평화에는 아주 훌륭하게 기여를 하지만 모든 노력이 가족을 향해 집중되어 자신의 비전을 위한 시간과 노력은 많이 부족한 것 같고 딸은 자신에게 향한 노력은 많으나 가족의 평화와 양육 점수는 낮았다. 아들은 모든 항목에서 적극적이고 열심히 노력을 하고 있고 내담자 자신은 경제활동으로 가족 평화에는 완벽하게 기여하고 있는 것 같은데 양육적인 부분에 협조하는 비율은 상대적으로 점수가 낮다고 표현하였다.

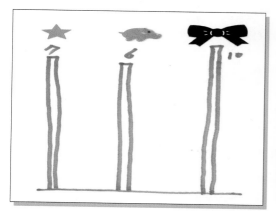
내담자의 기여도

남편의 기여도

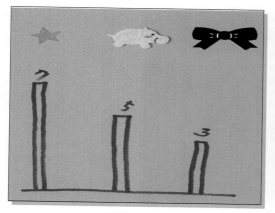
딸의 기여도

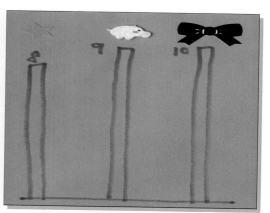
아들의 기여도

가족구성원 각자의 기둥을 맞대거나 겹치거나 따로 세워 가족 역동을 살펴보는 가족균형도를 만들어 보았는데 남편 기둥 사이에 자신의 기둥을 눕혀서 완전히 밀착시켰고 아들은 자신과 아빠를 감싸고 있는 것으로 딸은 부모와 동생에게서 거리를 두고 세워 놓았다.

내담자가 표현한 부부의 밀착

내담자는 부부가 밀착이 되어 있고, 아들은 부모의 편에 서 있으며 딸은 분리가 된 가족균형도를 보며 "생각만 하던 것을 이렇게 직접 눈으로 보니 기분이 이상하다."고 하며 자신이 남편에게 아주 많이 의존하고 있음을 확실하게 느낄 수 있었다고 하였다. 그리고 가족균형도를 보니 생각보다 안정감이 있는 것 같아서 안심이 된다고 하였다.

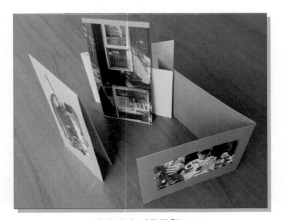

내담자의 가족균형도

　더 건강한 가족균형을 이루기 위해 어떤 변화가 필요할 것 같은지 질문하자 자신은 남편에게 의존하는 것을 좀 줄여야 될 것 같다고 하였다. 자신이 남편에게 지나치게 의존하다 보니 남편의 모든 관심이 가족 부양에 집중되어 정작 남편은 자신의 비전은 꿈도 못 꾸는 생활을 하고 있는 것 같아 많이 미안한 마음이 든다고 하였다. 아들도 부모를 감싸고 있는 모양은 왠지 아닌 것 같고 누나처럼 부모에게서 조금 거리를 두고 혼자 안정감 있게 서 있으면 좋을 것 같다며 앞으로는 아들을 너무 아기 취급하지 말아야겠다고 하였다. 그래도 양육 빼고는 열심히 잘 살고 있는 자신에게 칭찬을 해 주고 싶고 남편에게 많이 집중되어 있는 양육도 자신이 도와야겠다고 느낀 점을 나누었다.

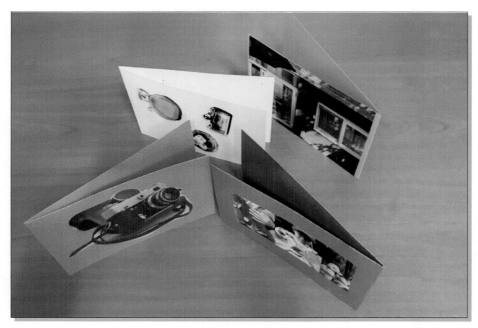

건강한 가족균형도

사례 2.　　　　　　　　　　　　　　　　　　　　　　　　고등학교 2학년 남학생의 어머니

　　내담자 가족은 남편과 아들 한 명인 3인 가족이다. 내담자는 자신은 감정적 충동이 강하기 때문에 노란색, 남편은 이성적이고 논리적이기 때문에 검정색, 아들은 천진난만하고 자유를 동경하는 아이라서 파란색이 떠오른다며 색마분지의 색상을 선택하였다.

　　잡지에서 가족구성원의 이미지를 고르는 데는 별로 망설임이 없었다. 자신의 이미지로 석류를 골랐는데 온갖 생각과 충동들이 알알이 쌓여 있는 석류와 의미가 딱 맞아떨어지는 것 같다고 하였다. 남편의 이미지는 트랜스포머를 선택하였는데 완벽하고 능력이 있지만 그 대신 너무 논리적이어서 좀 딱딱하게 느껴질 때도 많기 때문이라 하였다. 아들의 이미지는 달리는 자동차 창문 밖으로 고개를 내밀고 있는 커다란 개를 선택하였다. 귀엽고 비교적 순종적이지만 늘 여행을 떠나듯 새로운 세계를 동경하며 한곳에 얽매이는 것을 견디지 못하는 자유 추구형인 아들과 똑같은 것 같다고 하였다.

　　내담자의 상징: 석류　　　　　　남편의 상징: 트랜스포머　　　　　아들의 상징: 여행하는 개

　가족의 평화에 기여하는 정도는 하트 스티커, 양육에 협조하는 비율은 '참 잘했어요' 칭찬 스티커, 자기 비전을 위해 노력하는 정도는 별 모양 스티커를 선택하여 붙였고 각 항목별로 막대그래프를 그린 후 점수를 기록하였다.

　내담자는 점수를 기록할 때 많이 망설였는데 점수를 생각하다 보니 남편과 자신은 모두 열심히 살고 있지만 각자 자기의 주장과 생각이 워낙 뚜렷해서 결과적으로 가족의 평화나 양육에 관한 부부 의견의 점수가 일치하지는 않는 것 같다고 하였다. 아들은 아직까지도 부모의 의견보다는 자신의 생각이나 시도에 훨씬 더 많이 기울어져 있어서 양육에는 그다지 협조적이지 않은 것 같다고 하였다. 그래도 끝까지 고집을 부리지는 않고 어느 선에서 부모에게 순응을 하기 때문에 가족의 평화에 기여하는 점수는 높은 것 같다고 하였다.

내담자의 기여도

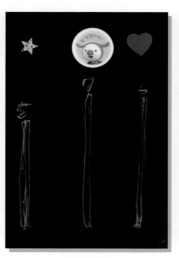
남편의 기여도

아들의 기여도

가족구성원의 기둥을 모아 가족균형도를 만들어 보았는데 아내와 남편은 거의 마주 닿아 나란히 세워져 있고 아들은 부모 기둥 뒤에 조금 간격을 두고 세워져 있었다. 아내와 남편은 양육에 있어 거의 동등하게 자기 의견을 주장하는데 아들은 오히려 한발 뒤로 물러서서 자기만의 시간을 갖거나 자기 의견을 제시하기 때문이라고 설명하였다.

내담자의 가족균형도

내담자에게 어떤 모양의 균형도가 내담자 가정의 가족균형도로서 가장 적절할지 질문을 하니 남편과 아들이 겹쳐지는 부분이 생길 정도로 서로 좀 더 친해지고 내담자는 남편과는 떨어지지만 남편과 함께 아들의 옆자리를 지키는 균형도가 가장 건강하게 느껴진다고 하였다.

균형도를 보며 가족구성원이 각자 열심히 생활하더라도 그것이 완전하고 편안한 관계까지 만들어 내는 것은 아닌 것 같다는 생각이 들었다고 하였다. 가족균형도를 만들어 표현해 보면서 자신들과 분리되어 있는 아들에게 부모와 거리를 둔다고 서운해할 것이 아니라 함께 나란히 설 수 있는 허용과 수용이 더 필요한 것 같다고 하였다.

건강한 가족균형도

4 훈육 코칭

짚고 가기

아이는 행동으로 말하고 표현한다. 문제행동을 보이는 자녀는 행동으로 자신이 무언가 못마땅하고 불편하다는 것을 드러내는 것이다. 문제행동의 원인이 파악되면 원인을 없애는 것이 좋을지, 아니면 자녀의 행동을 적응행동으로 바꾸는 것이 좋을지 생각하여 가장 적절한 방법으로 문제를 다루어야 한다. 힘들지만 문제행동을 적절히 짚고 넘어가면 다음에 혼란 없이 더 잘 다룰 수 있기 때문에 무조건 원인을 없애거나 문제를 해결해 주는 것만이 좋은 부모의 역할은 아니다. 자녀의 문제행동을 적응행동으로 바꾸기 위해 문제를 다루고 훈육, 교정을 할 때는 개인적인 기질, 즉 자녀가 타고난 기질적 특성을 이해하고 그 기질에 따라 다르게 반응하는 것이 중요하다.

자녀의 문제를 다루거나 훈육, 교정을 할 때, 부모들은 주로 상을 주거나 벌을 주는 방법을 사용하는데 이때, 간결하고 분명한 언어로 표현하도록 하고 자녀의 자존심을 상하게 하는 말이나 행동을 하지 않는 것이 중요하다. 또 효과적인 훈육 방법인 '자연적·논리적 결과'를 경험하도록 하는 것이 좋다. 부모의 개입 없이 자연적으로 일어나는 결과를 스스로 경험하게 하고 자녀가 규칙을 어겼을 경우 행동의 대가에 따르는 결과에 대해 알 수 있도록 해야 한다. 이와 같이 훈육하기 위해서는 자녀에게 선택의 기회를 제공해야하고 부모는 일관성 있게 반응해야 한다.

미술치료는 다양한 활동을 통해 부모들이 자녀의 문제를 어떻게 다루고 훈육하며 교정하는지 경험하게 하고 시각적으로 볼 수 있도록 한다. 그 결과 자연스럽게 행동의 변화가 뒤따라 올 수 있게 하여 코칭에 많은 도움이 된다.

함께 가기에서는 쿠키가루로 자녀 모양의 쿠기를 만들고 굽는 작업을 통해 부모가 자녀를 훈육할 때 겪게 되는 감정과 좌절감을 표현해 보고 자녀의 성장에 적절한 문제행동을 다루는 방법, 훈육방법, 교정방법을 찾을 수 있다. 픽토그램을 활용한 활동은 자녀의 문제를 다룰 때 간결하고 분명한 그림과 언어를 통해 훈육하고 교정할 수 있도록 준비하여 능동적으로 실제에 적용하도록 도울 수 있다. 자녀의 모습을 만드는 작업을 통해서는 현재의 훈육방법을 점검하고 개선할 부분을 스스로 찾아서 수정할 수 있다.

밸런싱(balancing)

▌목표

1. 자녀 훈육 시 겪게 되는 감정과 좌절감을 탐색할 수 있다.
2. 자녀의 성장에 따라 적절하게 문제행동을 다루는 방법과 훈육방법을 찾도록 도울
   수 있다.

▌준비물

쿠키가루, 설탕시럽(연유, 꿀, 잼) 또는 설탕이 함유된 분말가루, 물, 전기프라이팬, 반
죽 그릇

▌활동방법

1. 반죽 그릇에 쿠키가루와 물을 넣고 골고루 섞어 반죽을 만든다.
2. 쿠키가루를 반죽한 후 자신의 자녀를 생각하며 반죽을 자녀의 모습으로 만든다.
3. 전기프라이팬의 온도를 올려 자녀 모습의 반죽을 굽는다.
4. 자녀에 대한 불평 또는 자녀를 훈육할 때 겪는 자신의 감정이나 좌절감 등을 쿠키
   반죽이나 주변에 설탕시럽으로 뿌려 표현한다.
5. 전기프라이팬 온도를 높여 쿠키 반죽이 익는 시간과 설탕시럽이 갈변하는 시간을
   비교한다.

6. 쿠키를 굽기 위해 온도를 높이는 것을 부모가 자녀를 훈육할 때 잔소리하거나 야단치고 체벌하는 등의 의미로 가정하여 생각한다.

7. 자녀에 대한 불평, 자신의 감정이나 좌절감을 상징하는 설탕시럽이 심하게 갈변되면서 타들어 가게 되면 결국은 자녀의 성장에 상처의 흔적으로 남을 수 있음을 시각화시켜 경험한다.

8. 쿠키에 덧뿌려 맛과 멋을 더하는 시럽이나 잼처럼 자녀에게 상처가 아닌 성장이 되기 위한 적절한 훈육은 어떻게 하는 것인지 탐색하며 구체적인 실천방안을 찾는다.

9. 활동 후 느낀 점에 대해서 이야기 나눈다.

사례 1.

내담자는 반죽을 치대면서 쿠키 반죽에서 나는 고소함이 기분을 좋게 한다며 반죽으로 자녀의 모습을 만들었다.

쿠키 반죽 만들기

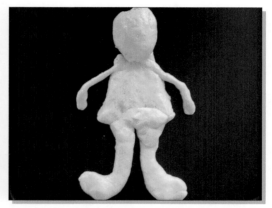

쿠키 반죽으로 만든 자녀

자녀 모습의 반죽을 전기프라이팬 위에 올려놓은 후 내담자가 자녀를 훈육하는 상황에서 자녀에게 갖게 되는 불평, 자녀가 잘되기를 바라는 마음에서 시작한 훈육이 자신과 자녀에게 상처나 좌절감으로 남게 되었던 경우 등을 생각하면서 연유를 자녀에 대한 자신의 조바심, 좌절감, 상처라고 생각하고 쿠키에 뿌리는 작업을 하였다.

훈육을 상징하는 연유뿌리기

　　고소한 쿠키가 더 맛있어질 것이라는 기대에 뿌린 달콤한 연유였지만 막상 전기프라이팬에 열을 올리자 쿠키가 익기도 전에 연유부터 타들어 가는 것을 보며 내담자는 "너무 당황스러워요."고 하였다. 연유를 뿌릴 때 자신의 잔소리가 가장 영향을 많이 미치는 곳에 집중적으로 연유를 뿌렸는데 팬에 열이 오르자 훈육 시 겪게 되는 부모의 좌절감에 대해 느낄 수 있었고, 상처로 인해 자녀의 가슴과 얼굴 부분이 새까맣게 타는 것을 관찰하며 내담자는 많은 생각을 하게 되었다고 하였다.

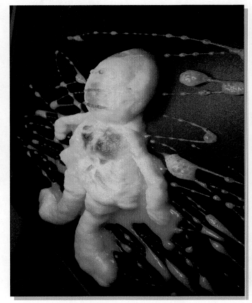 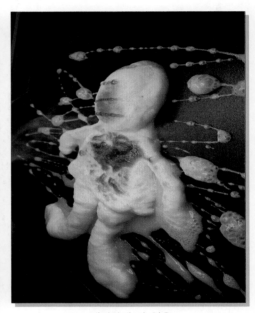

타들어 가기 시작한 연유　　　　　　　　　　　새까맣게 탄 연유

　　자녀가 바르게 자라고 잘되기를 바라는 마음에서 시작한 훈육도 자녀의 가슴에 얼마든지 상처를 남길 수 있겠다고 하였다. 쿠키 위의 연유가 타면 쿠키가 구워져도 탄 냄새가 나고, 상품으로서의 가치도 없는 쿠키가 되는 것처럼 내 아이에게도 적절하지 못한 훈육은 오히려 성장에 걸림돌이 될 수 있는 상처가 될 수 있겠다는 생각이 들었다고 하였다.

자녀가 고등학생인데 자신도 이제 성인이라고 생각해서 그런지 엄마의 훈육이나 잔소리를 그냥 듣고 있는 편이 아니어서 늘 큰 소리가 오고 갔었는데 "그렇게 요란한 훈육의 시간을 가져도 딸의 행동이 달라지는 것은 아니었던 것 같다."라고 하며 이제는 일방적으로 자녀에게 잔소리를 퍼붓고 그 잔소리에 맞받아치는 딸과 싸우다 끝나 버리는 훈육의 방법은 선택하지 말아야겠다고 하였다.

지금 생각해 보니까, 처음에는 자녀의 잘못된 행동을 지적하고 고치려고 시작한 잔소리였는데 자녀가 자신의 잘못을 쉽게 수긍을 하지 않고 자꾸 말대답을 하고 오히려 남 탓을 하거나 핑계를 대고 큰 소리를 치면 자기도 모르게 감정이 치밀어 올라와 자녀에게 상처를 주는 말을 많이 하게 되었던 것 같다고 하였다. 앞으로 자신의 훈육이 자녀에게 상처가 아닌 성장이 되도록 하기 위해서는 어떻게 하여야 할지 이제 어렴풋이 조금은 알 것 같으면서도 정확하게는 잘 모르겠다고 하여 치료사는 자녀에게 상처를 주는 말은 어떤 것들인지, 공감과 격려를 하기 위해서는 어떻게 해야 하는지에 대해 코칭해 주었다.

자녀가 어려운 과제를 하고 있을 때 부모가 지적하거나 다른 사람과 비교를 하면 충분히 완수할 수 있는 일도 초조해져 실패하는 경우가 많다는 것을 상기시켰다.

자녀가 힘들어할 때 엄마들이 가장 많이 저지르는 말실수는 "별것 아닌데" "쉬운데 왜 그렇게 못해?" "내 말대로 했더라면…" 등의 말이라는 것을 이야기해 주었다. 그리고 자녀는 가뜩이나 힘이 든데 이런 말을 들으면 엄마가 자신을 이해하지 못한다고 생각할 수 있다는 것을 알려 주었다.

자녀가 얼마나 노력하고 있는지 자녀의 입장에 대해 알아 주어야 하지만 그러나 너무 과도한 칭찬으로 자녀의 의욕을 증진시키려고 하는 것은 금물이며 적절한 수준의 격려가 필요하다는 것을 코칭해 주었다.

적절하지 못한 훈육으로 생긴 자녀의 상처

사례 2.

내담자는 쿠키가루를 반죽하며 "반죽을 치대니 스트레스가 풀리는 것 같고 이런 익숙한 재료로 무엇을 할지 궁금해요."고 하며 반죽으로 자녀의 모습을 만들었다.

쿠키반죽으로 만든 자녀

자녀의 모습으로 만든 쿠키 반죽 위에 자신이 자녀를 훈육하면서 겪게 되는 갈등이나 심리적 어려움, 좌절감 등을 시럽으로 표현해 보도록 하니 재료 중에서 시럽보다는 분말가루를 사용해 보고 싶다고 하며 자몽가루와 설탕이 믹스된 분말가루를 선택하였다.

자녀의 주위에 분말가루를 뿌리며 자신이 뿌려 놓은 분말가루가 꼭 자녀를 훈계하기 위해 자신이 쏟아내는 말과 같다는 생각이 든다고 하였다. 분말을 뿌리니까 분말들이 날리거나 알알이 굴러가기도 하고 쿠키 반죽 위에 스며들어 빨갛게 색이 변하기도 했다. 그 모습을 보니 어떤 훈계의 말들은 자녀의 귀와 마음을 닫아 그냥 주변으로 날려가 버리고 또 어떤 훈계의 말들은 자녀의 마음속에 스며드는 모습을 표현하는 것 같다며 신기해했다.

내담자는 자녀 모양의 반죽을 둘러싸듯 분말가루를 뿌려 자녀를 감싸고 있는 커다란 하트 모양으로 표현하였다. 그리고 "나의 훈계가 한 알 한 알 아들의 가슴에 담겨졌으면 좋겠고 그래서 아들의 행동이 변하면 좋겠어요."라고 하며 자녀의 손과 발에 분말가루를 집중해서 뿌렸다.

훈계를 상징하는 분말가루 뿌리기

자몽 분말가루를 뿌리니까 쿠키 반죽에 수분이 남아 있어서 그런지 금세 쿠키 반죽에 빨간 자몽색이 물들기 시작했다. 내담자는 부모의 훈계는 그것이 긍정적이든 부정적이든 자녀에게 빠르게 영향을 미치는 것 같다는 생각이 든다는 표현을 하였다.

　　전기프라이팬 전원을 켜자 잠시 후 분말가루가 녹으며 끓기 시작하였다. 자녀 모양의 반죽을 감쌌던 하트 모양이 먼저 타기 시작하면서 붉고 검은 색으로 변하였다. 조금 더 열이 높아지자 사랑을 상징하는 하트가 타들어 가는 모습을 보며 내담자는 "분명히 하트였는데 어느 순간 자녀를 감싸고 있는 커다란 굴레 같이 변해 버렸어요."고 한숨을 내쉬었다. 하트 모양이 타들어 가기 시작하면서 반죽 위에 뿌려진 분말 중 가슴 부분의 분말이 먼저 탔고 손과 발의 분말도 타서 색이 변하였다.

　　쿠기 반죽이 맛있게 익기 전에 타 버리는 분말을 보니 사랑이라는 이름으로 자신이 자녀에게 넘치도록 부은 훈계는 자녀가 그 훈계를 받아들일 만큼 성숙하기 전에는 상처가 될 수 있겠다는 생각이 든다고 하였다.

타들어 가기 시작한 분말가루　　　　　　　　　　　　　새까맣게 탄 하트

　작업을 통해서 내담자가 느낀 점은 자녀의 성장과 단계에 맞춰서 훈육과 생활 지도를 하도록 해야 할 필요가 있을 것 같다는 것이라고 하였다. 또 훈육의 방법은 늘 일관되게 지켜져야 한다고만 생각했었는데 일관성 있게 훈육은 하되 그 방법은 자녀의 성장과 발을 맞춰야 되겠다는 생각이 들었다고 하였다.

　덧붙여 치료사는 내담자에게 부모들은 주로 '내 자녀에게 단점이 많고 장점이 적다면 대부분 단점을 고쳐서 더 훌륭해지기를 바란다.'는 생각을 많이 한다는 것을 상기시켰다. 그러나 그런 생각은 종종 자녀에게 '엄마는 내가 잘하는 것이 하나도 없다고 생각해.' 또는 '나는 정말 장점이라고는 없다.'는 생각만 만들어 낼 수 있음을 알려 주었다. 부모가 자녀의 단점을 고치고 싶다면 자녀의 장점을 더 부각시켜 칭찬해야 함을 코칭해 주었다. 평소에 자녀의 긍정적인 면만 보려고 애쓰면 자녀의 자긍심은 자연스럽게 높아지기 때문이라는 것도 설명해 주었다. 내담자는 이제부터 하루에 적어도 한 가지 이상 꼭 자녀의 장점을 부각시켜 칭찬하기를 연습해 보겠다고 구체적인 실천 계획을 세우며 회기를 마무리하였다.

적절하지 못한 훈계로 생긴 자녀의 상처

▌Tip

1. 전기프라이팬 위에 유산지를 깐 후 반죽을 굽고 설탕시럽을 뿌리면 작업을 마친 후 전기프라이팬을 닦을 때 편리하다.

2. 전기프라이팬 대신 미니오븐을 이용하거나 그릴 로스터를 사용할 수도 있다.

픽토그램*(pictogram)

2

▌목표

1. 자신의 훈육방법에 대해 알 수 있다.
2. 효율적이고 긍정적인 훈육방법을 습득하여 실제에 적용할 수 있다.

▌준비물

명화 〈키스 해링의 'Retrospect 1989'〉, 시트지(두 가지 색), 우드락, 네임펜, 가위

▌활동방법

1. 키스해링의 작품을 보고 간결한 선과 모양, 강렬한 원색의 색상 등 특징을 살펴보며 이와 유사한 픽토그램에 대해 이야기 나눈다.
2. 자신은 자녀를 대할 때 어떤 방법으로 문제를 다루고 훈육하는지 생각하여 이야기 나눈다.
3. 자신의 부정적인 훈육방법 중 많이 사용하는 한 가지를 선택하여 그 상황을 시트지(A4 용지의 1/4크기)에 그린다. 키스해링의 작품처럼 간결하고 분명한 그림문자

---

*픽토그램: 사물, 시설, 행위, 개념 등을 쉽게 알아볼 수 있도록 상징적인 그림으로 나타낸 일종의 그림 문자. 쉽고 빠르게 정보를 전달할 수 있고 단순하고 의미가 명료하며 세계 어디서나 공통으로 사용할 수 있는 특징이 있다(우등생 전과 초등 5-2세트, 2014).

인 픽토그램으로 표현할 수 있도록 한다.

4. 부정적인 훈육방법을 표현한 픽토그램을 보며 자녀의 성장에 긍정적인 훈육이 되기 위해서 자신의 부정적인 훈육방법을 변화시켜야 할 이유에 대해 탐색한다.

5. 부정적인 자신의 훈육방법을 효율적이고 긍정적으로 바꾸기 위해, 부정적인 훈육방법과 대비되는 긍정적인 훈육방법을 생각하여 다른 색의 시트지에 그린다.

6. 시트지에 그린 픽토그램의 테두리를 따라 오려서 우드락(A4 용지의 1/4크기)에 붙여 픽토그램 카드를 만든다.

7. 자신이 만든 픽토그램 카드를 보면서 자신이 했던 부정적인 훈육방법과 앞으로 변화시킬 긍정적인 훈육방법의 내용을 비교하여 표현한다.

8. 자녀와의 훈육 상황을 설정하여 표정, 대화, 행동을 연습하고 앞으로 긍정적인 훈육을 하겠다는 다짐에 도움이 될 것 같은 말 또는 노력해야 할 점들을 생각하여 가장 중요하다고 생각되는 내용 하나를 긍정적인 훈육방법을 표현한 픽토그램 카드의 뒷면에 네임펜으로 적는다.

9. 자신이 만든 픽토그램 카드를 집안의 어떤 곳에 세우거나 붙여 두면 훈육 시 잘 기억하고 실천할 수 있을지 생각해 보고 이야기 나눈다.

10. 활동 후 느낀 점에 대해서 이야기 나눈다.

사례 1.   초등학교 6학년 남학생의 어머니

내담자는 자신이 자녀를 대할 때 어떤 방법으로 문제를 다루고 훈육하는지 자세히 생각해 본 적이 없다고 하면서 "그때그때 달라요."라고 하였다. 자녀의 문제를 다루고 훈육할 때 어떻게 하는지 질문하자 "주로 잔소리를 하고 말을 안 들으면 가끔 때리기도 해요. 다른 집도 다 그렇지 않나요?"라고 하였다. 내담자의 훈육방법에 대해 객관적으로 살펴보기 위해 먼저 부정적인 자신의 훈육방법을 그림으로 표현해 보았다.

"노는 것을 좋아하고 숙제를 안 해서 스스로 알아서 했으면 좋겠어요."라고 하면서 빨간색 시트지를 골라서 자녀의 모습을 먼저 그리고 자신을 그렸다. 픽토그램의 내용은 '너는 맨날 놀기만 할 거니? 빨리 들어가서 공부해!'라고 잔소리를 하고 빨리 들어가라고 윽박지르는 것이다.

부정적인 훈육방법

부정적인 자신의 훈육방법을 그린 픽토그램을 보고는 "나도 어릴 때 많이 맞았었는데… 자존심도 많이 상하고 기분이 나빴는데 나도 그러고 있는 것 같아요."라고 하였다. 내담자 부모의 영향이 자신의 자녀에게도 미치는 것을 보고 벌을 주는 방법이 반복된다며 "좋게 말해도 알아듣고 행동할 수 있게 하고 싶어요."라고 하였다. 내담자는 자녀의 문제를 다루는 데 있어서 상을 주거나 벌을 주어 통제하였지만 앞으로 자녀의 자존심을 상하지 않게 하도록 하고 자존감을 높여 주며 서로 기분 좋게 해야겠다고 하였다.

자신의 훈육방법을 효율적이고 긍정적으로 바꾸기 위해 파란색 시트지에는 긍정적인 훈육방법을 표현하였다. 픽토그램의 내용은 '많이 놀고 싶은가 보구나(아이의 눈을 마주보며). 10분만 더 놀고 숙제하렴~' 이며 긍정적인 훈육방법은 밝은 노란색 우드락에 붙이기를 원하였다.

긍정적인 훈육방법

내담자는 자신이 만든 픽토그램 카드를 보고 자신이 했던 부정적인 훈육방법과 앞으로 변화시킬 긍정적인 훈육방법의 내용을 비교하여 표현해 보더니 "와, 진짜 너무 다른 반응이네요."라고 하였다. 긍정적인 훈육방법을 사용하기 위해서는 마음을 잡고 다짐할 수 있는 말이 필요하였다. 내담자는 긍정적인 훈육방법을 표현한 픽토그램 카드의 뒷면에 다짐에 대해 적을 말이 너무 많다고 하면서 '부정적인 말을 하지 말고 아이의 입장에서 생각하고 이해하고 공감하여 좋은 부모가 되자.' 고 내용을 적었다.

부정적인 말을 하지 말고
아이의 입장에서 생각하고
이해하고 공감하여 좋은
부모가 되자.

다짐에 도움이 되는 말

긍정적인 훈육방법을 표현한 픽토그램 카드를 부엌과 아이 방 사이에 있는 피아노 위에 놓고 싶다고 하였는데 그 곳이 가장 잘 보이기 때문이기도 하고 오가며 항상 마음속에 다짐하기 위해서라고 하였다. 다음 회기에 내담자는 지난 주 훈육을 하면서 실제로 부정적인 말이나 행동을 할 뻔했는데 픽토그램 카드가 눈에 띄어서 한 번 참을 수 있었다고 하였다. 또 자녀가 계속 컴퓨터 게임만 해서 소리를 지르려다가 픽토그램 카드를 자녀의 얼굴 앞에 들이밀었더니 10분 뒤에 컴퓨터를 끄고 숙제를 했다고 하면서 자녀의 반응이 신기했다며 즐겁게 이야기하였다. 자녀는 엄마가 만든 픽토그램 카드를 보고 "엄마가 잔소리를 하지 않아서 좋고, 게임을 할 때는 엄마가 뭐라고 하는지 잘 안 들리는데 픽토그램 카드는 경고장 같아서 좀 나아요."라고 말하여 내담자는 자녀의 반응에 더 인정받는 느낌이 들고 기분이 좋아져서 앞으로도 사용하고 싶다고 하였다.

내담자에게 주변 학부모들이 좋다고 하는 훈육방법과 노하우도 필요하지만 자신과 자녀에게 맞는 훈육방법을 생각해 보고 찾도록 하였다. 자녀에게 체벌은 언어적 의사소통보다 효과가 없을 뿐 아니라 부정적인 영향이 더 많기 때문에, 자녀를 훈육할 때 체벌보다는 간결하고 분명한 언어로 표현하고 자녀의 자존심을 상하게 하는 말이나 행동은 사용하지 않아야 한다고 다시 한 번 이야기하고 실천할 수 있도록 코칭해 주었다.

사례 2. 초등학교 4학년 남학생의 어머니

내담자는 평소 초등학교 4학년인 첫째 자녀에 대해서 긍정적인 모습보다는 부정적인 모습을 더욱 많이 찾아내고 표현하였다. 내담자가 첫째 자녀를 대할 때 둘째 자녀보다는 엄하고 까다롭게 훈육한다고 하였다. 첫째 자녀에 대한 자신의 부정적인 훈육방법을 초록색 시트지에 그려 보았다.

픽토그램의 내용은 '동생이랑 싸우기나 하고 앞으로 뭐가 될래? 형이니까 양보도 할 줄 알아야지! 동생한테 사과해!'라고 말하며 첫째 자녀를 혼내는 것이다. 내담자는 첫째 자녀와 둘째 자녀가 다툴 때 대부분 첫째 자녀를 혼낸다고 하였다.

부정적인 훈육방법

내담자는 부정적인 훈육방법을 표현한 픽토그램을 보니 "매일 이러지는 않지만… 첫째가 억울할 수도 있겠어요."라고 하였고 머뭇거리다가 첫째가 조금 불쌍하다는 생각이 든다고 하였다.

그래서 첫째 자녀의 입장이 되어 내담자가 어떻게 해 주면 억울하지 않고 공정하다는 생각이 들 수 있겠는지 픽토그램을 그려 보도록 하였다. 처음에는 첫째와 둘째를 번갈아 가면서 혼내거나 같이 혼낸다고 하였다. 혼내는 방법 외에 조금 더 긍정적인 훈육방법을 탐색하도록 치료사가 예를 들어 주며 도왔다. 픽토그램의 내용은 '무슨 문제가 있었니? 네가 마음이 많이 상했겠구나. 동생과 대화를 나누고 서로 이해하여 풀어 보면 좋겠어.'이다.

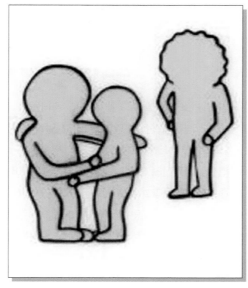

긍정적인 훈육방법

내담자에게 자신이 만든 픽토그램 카드를 보며 내담자가 자녀에게 하는 말을 해 보도록 하니 "첫째에게 모든 책임을 묻는 말은 다시 하지 않아야겠어요."라고 하면서 잘 될지 모르겠다고 하였다. 실제로 사람은 자신의 습관이나 특성을 한 번에 변화할 수 없기 때문에 내담자가 의식하여 변화해야 한다는 것에 대해 알려 준 뒤, 긍정적인 훈육방법을 사용하기 위해 마음을 잡고 다짐할 수 있는 말을 생각해 보았다.

긍정적인 훈육방법을 표현한 픽토그램 카드의 뒷면에 '원칙을 정하여 일관성 있고 공평한 훈육을 하자'고 내용을 적었다.

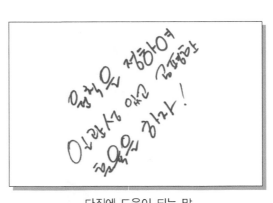

다짐에 도움이 되는 말

    자신이 만든 긍정적인 훈육방법을 표현한 픽토그램 카드를 자녀들이 잘 보이는 곳에 놓으면 "어쩌면 다투어도 혼내지 않을 것을 알고 더 심하게 할 것 같아요."라고 말하면서 웃었다. 그래서 신발장 높은 곳에 두고 입구를 지나갈 때마다 보고 다짐하겠다고 하였다.

    내담자는 평소와 다른 훈육방법을 사용하려고 하니 기분도 이상하고 어색했다고 하였다. 아이들에게 평소 하던 것처럼 혼내지 않고 대화를 해 보라고 하자 첫째 자녀가 "엄마 왜 그래요? 오늘은 나 안 혼내요?"라고 했다면서 그동안 첫째 자녀에 대해 미안한 마음에 대해 이야기하였다. 자녀와 마음 깊은 대화를 할 수 있는 방법에 대해 안내해 주고 연습하도록 하였고, 자녀를 훈육할 때 선택의 기회를 제공하고 일관성 있는 적용을 할 수 있도록 '자연적 · 논리적 결과'를 경험하는 것이 효과적이므로 연습하고 실천해 볼 수 있도록 코칭해 주었다.

▌Tip

키스 해링의 〈Retrospect 1989〉**

**http://www.haring.com

3 스페셜 메모리(special memory)

▌목표
1. 자신의 기대와 욕심이 자녀에게 어떠한 영향을 주는지 알 수 있다.
2. 개선된 훈육방법을 스스로 찾을 수 있다.

▌준비물
전사지에 전사한 자녀 사진, 인형 만들 옷감, 솜, 바늘, 실, 색도화지, 사인펜, 가위

▌활동방법
1. 전사한 자녀 사진을 인형으로 만들 옷감에 전사한다(전사방법 'Tip 4' 참조).
2. 전사한 자녀 사진이 안쪽으로 가도록 하여 두 장의 옷감을 맞대고 실루엣을 따라 포개어 자른다.
3. 두 장의 옷감을 마주보게 포개어 두고 테두리를 따라 바느질 한 후 솜을 넣어 뒤집어서 자녀 인형을 완성한다.
4. 마음에 드는 색도화지 위에 자녀 인형을 올려놓고 바라보며 그동안 자녀를 키우면서 행복했던 순간들을 떠올린다.
5. 자녀 인형을 바라보며 자녀에게 바라는 기대 또는 바람 등을 정도에 따라 크기와 모양을 달리하여 색도화지에 그림과 글로 표현하여 자녀 인형 주변을 꾸민다.

6. 자녀 인형을 보고 자녀가 잘 되었으면 하는 바람으로 하였던 기대 또는 욕심이었던 훈육방법에는 어떠한 것이 있는지 생각해 보고 개선해야 할 훈육방법에는 어떠한 것이 있는지 생각한다.

7. 활동 후 느낀 점에 대해서 이야기 나눈다.

사례 1.   중학교 2학년 여학생의 어머니

내담자는 자녀가 돌 때 한복을 입었던 사진을 준비하였고 결혼 후 힘들게 얻은 딸이어서 첫 생일 때 말할 수 없이 기뻤다고 그때의 기분을 말하였다. 현재는 중학교 2학년으로 엄마가 하는 말은 잔소리이며 짜증으로 대답하는 딸이지만 이때는 사랑스럽고 자신이 아니면 아무것도 할 수 없는 아기였다고 바느질을 하며 이야기 하였다. 완성된 자녀인형을 자녀가 좋아하는 노란색 도화지 위에 올려놓고 바라보며 사랑스럽고 귀엽다는 느낌과 함께 자녀가 참 많이 컸다는 것이 실감이 난다고 말하였다.

인형 만들기

그리고 색도화지의 가운데에 올려놓은 자녀 인형 주변으로 자녀에게 기대 또는 바람 등을 적어 보도록 하였다. 인형의 얼굴 가까이에 크게 입을 그리고 '대답 좀 상냥하게'라고 쓰고 말끝마다 짜증을 부린다고 말하였다. 다음으로 머리 가까이에 '공부에 신경 쓰고 TV보는 시간 줄였으면'이라고 적고 공부에는 관심이 없고 좋아하는 가수의 신상정보와 출연하는 방송의 스케줄만 머릿속에 가득하다고 말하였다. 그리고 인형주변에 '독서실 가는 거 맞는지……' '화장은 지금 안해도 된다.' '전화 좀 받아라.' 등을 적었다.

자녀 인형 주변에 기대와 바람 적기

모두 적은 후 자신이 적은 글을 보며 자녀 인형 속의 돌 사진과 비교하여 자녀가 성장해 나가고 있다는 것과 이만큼 자랐다는 것을 순간순간 잊고서 마냥 아기로만 생각하고 지나치게 잔소리를 했던 것 같다고 말하였다. 자녀의 성장에 맞춰 대화하는 법을 익히고 자녀의 의견도 존중해 줄 수 있는 태도를 가져야겠다고 마무리하였다.

사례 2.   초등학교 1학년 남학생의 어머니

내담자는 자녀가 지금보다 더 어렸을 때 귀엽게 꾸민 모습의 사진을 준비하여 자녀인형을 만들었다.

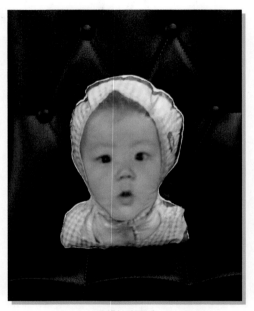

인형 만들기

　자녀 인형을 만든 후 색도화지의 가운데에 올린 후 '동물에 대한 관심 + 글자쓰기'라고 적고 곧 입학하게 될 자녀의 학업수준과 동물에만 제한된 관심을 보이는 모습을 걱정하였다. 다음으로 '선생님 말씀 잘 듣기'라고 쓰고 학교에 입학해서는 유치원 때처럼 선생님에게 미움 받는 아이가 되지 않기를 바라는 마음을 나타내었다. 특이한 관심사와 행동, 낮은 언어표현으로 친구들이 놀아주지 않아 자신은 외롭다고 말하는 자녀의 얘기를 듣고 가슴 아팠다며 '친구를 사귀면 좋겠다.'라고 적었다. 마지막으로 이것을 잊었다고 하며 '혼잣말 하지 않기'라고 쓰고 사실은 이것이 제일 문제라고 하며 학교에서 혼잣말을 하다가 수업에 방해가 되거나 아이들이 놀리면 어떻게 하나라는 생각으로 잠이 오지 않고 가슴이 답답하여 숨을 쉬지 못하여 응급실에 간 적도 있다고 말하였다. 내담자는 적은 글을 보며 걱정이 많은 것 같으며 불안한 마음이 자녀에게 전달되지 않을까 염려된다고 하였다.

자녀 인형 주변에 기대와 바람 적기

 내담자의 고민을 함께 나누며 지금 자녀에게 필요한 부모의 역할에 대해 코칭을 해 주었다. 첫 번째로 규칙을 모르고 자유롭게 행동하고 충동성이 조절이 되지 않는 자녀에게 생활 속에서 규칙을 설명을 하고 지킬 수 있도록 하는 것이 도움이 될 것이라고 설명하였다. 두 번째로 학교에서 생길 수 있는 여러 상황을 미리 설명해 주어 예측할 수 있도록 하는 것도 방법이 될 수 있다고 설명하였다. 끝으로 어머니의 불안은 자녀에게 전달되어 자녀 또한 그 영향을 받을까 염려하는 것에 대해 이야기 나누며 부모의 불안과 걱정이 자녀에게 흘러가지 않도록 부모 스스로 노력해야 한다는 것을 이야기 나누었다. 그리고 학령기의 아동을 양육하는 방법에 대해서도 코칭을 해 주었다.

▌Tip

1. 인형을 만들 옷감은 쉽게 구할 수 있는 흰색 면티셔츠를 이용하여 티셔츠에 전사하고 바로 자르면 앞면과 뒷면을 동시에 구할 수 있어 만들기에 편리하다.

2. 다소 시간이 많이 걸리는 작업이라 치료사는 미리 옷감에 아이 사진을 전사해 놓고 바느질만 할 수 있는 단계까지 준비해 둔다면 시간을 단축시킬 수 있다.

3. 바느질을 하는 동안 자녀를 양육하면서 보람된 점 등을 자연스럽게 질문하여 바느질을 하는 시간에도 활동에 몰입할 수 있는 시간이 될 수 있도록 한다.

4. 전사방법 소개

   프린텍T-셔츠 전사용지 뒷면의 설명 참조

출력방법
1. 용지의 인쇄할 면을 확인하고 프린터 노즐부분에 삽입합니다.
2. 출력하기 전에 이미지와 글씨가 함께 있는 경우에는 반드시 프린터 소프트웨어에서 '반전이미지' '대칭이미지'를 선택하여 이미지가 반대로 출력될 수 있도록 합니다.
3. 최상의 이미지를 표현하기 위해서는 고품질을 선택하십시오.

전사방법
1. 본 용지는 면, 연한 색의 천을 사용하면 최상의 결과를 얻을 수 있습니다.
2. 이미지의 여백부분을 5㎜남기고 잘라냅니다(남기지 않으면 천에 전사되지 않습니다)
3. 다리미를 스팀없이 예열합니다. (약 160도 적정)
4. 견고한 테이블,책상 등 작업대의 표면을 깨끗이 합니다.(일반다림대는 사용하지 마십시오)
5. 티셔츠 또는 기타 천을 놓고 모든 주름을 다림질 합니다.
6. 전사용지를 정확한 위치의 천위에 이미지가 아래쪽으로 향하도록 뒤집어서 놓습니다.
7. 다림질은 열이 골고루 가도록 약 60초~90초 정도 누르면서 다림질합니다.(A4 1/2기준)
   (A4 전체는 약 90~120초간 다림질)
   열 press기는 온도를 160도 설정 후 40초간 작업
8. 용지뒷면을 제거하기 위해서는 완전히 식힙니다.
9. 용지의 모서리를 잡고 살짝 들어올립니다. 잘 떼어지지 않으면 다른 모서리부터 떼어내십시오.

장애아동 부모상담

장애아동 부모상담으로 만나는 여섯 달

알고 가기

함께 가기

알고 가기

1. 장애아동 부모의 정의

「장애인 등에 대한 특수교육법」에서는 특수교육대상자 선정과 관련하여 시각장애, 청각장애, 정신지체, 지체장애, 정서·행동장애, 자폐성장애(이와 관련된 장애를 포함한다), 의사소통장애, 학습장애, 건강장애, 발달지체, 그 밖에 대통령령으로 정하는 장애 중에서 어느 하나에 해당하는 사람 중 특수교육을 필요로 하는 사람으로 진단·평가된 사람을 특수교육대상자로 선정한다(「장애인 등에 대한 특수교육법」 제3장 제15조 [법률 제12127호, 2013. 12. 30., 일부개정]).

「장애아동복지지원법」에서 "장애아동"이란 18세 미만의 사람 중 「장애인복지법」 제32조에 따라 등록한 장애인을 말한다. 다만, 6세 미만의 아동으로서 장애가 있다고 보건복지부장관이 별도로 인정하는 사람을 포함한다(「장애아동복지지원법」 제2조 [시행 2013. 12. 5.] [법률 제11858호, 2013. 6. 4., 타법개정]).

장애아동 부모는 특수교육대상자 및 장애아동을 자녀로 둔 부모를 의미한다.

2. 장애아동 부모의 특성

1) 장애아동 부모의 심리적 특성

(1) 충격

장애아동 부모는 자녀가 장애진단을 받을 때 아무 생각이나 감정을 느낄 수 없는 충격을 경험하게 된다. 도저히 어떻게 할 수 없는 상황에 대한 두려움과 공포로 인하여 충격 상태에 빠지게 된다.

(2) 불신과 부정

장애아동 부모는 자녀에게 진단된 장애를 부정하고 싶고, 의사나 전문가의 잘못된 진단으로 믿고 싶은 충동을 느낀다. 병원이나 치료센터에서 치료를 받고 있지만 자녀에게 장애가 있다는 사실을 부정하려 하며, 장애가 아니라는 징후들을 찾으려고 노력한다. 이러한 노력은 장애 진단을 받은 충격에서 벗어나는 데 필요한 시간을 주고, 부모가 버틸 수 있도록 해 준다.

(3) 감정적 격동

장애아동 부모는 슬픔과 초조, 혼돈, 갈등 등을 경험하면서 감정의 소용돌이 속에 모든 사람에게 긴장되고 일관성 없는 태도를 취하며 가정불화나 가정 내의 위기가 올 수 있다.

(4) 좌절감과 죄의식

장애아동 부모는 장애의 실제 원인과 관계없이 죄의식을 느낀다. 장애가 피할 수 없는 사실임을 받아들이게 되면서 누구의 잘못인지, 유전적인 것인지, 임신 중 잘못인지, 자신이 벌을 받은 것은 아닌지 반복해서 생각하며 죄의식과 죄책감에 빠진다. 부모가 죄의식에 빠져 있을수록 죄의식은 더 강하게 느껴지고 좌절감이 커진다. 이로 인해 과잉보호를 하거나 바른 교육을 하지 못하여 장애자녀의 성장을 힘들게 만들기도 한다.

(5) 분노

장애아동 부모는 '왜 내가?'라는 의문을 가지면서 분노와 갈등을 갖게 되며 마음의 큰 충동을 경험한다. 장애를 예방하거나 치료하지 못한 의사에게 분노하고, 문제를 해결하지 못한다고 배우자에게 분노하고, 자신들이 처한 상황이 불공평하다고 분노하고, 장애를 가진 자녀에게도 분노를 느낄 때가 있다. 분노의 소용돌이에 빠지게 되면 장애자녀에게 분노를 폭발하고 자녀를 학대할 수 있는 태도를 갖게 된다.

(6) 우울

장애아동 부모는 자녀의 장애를 받아들여야 되는 상황에서 우울과 상심을 경험하게 된다. 장애로 인해 자녀가 정상적인 성장을 하지 못하고 일반적인 성인의 삶을 살 수 없을 것이라 예측한다. 그래서 사랑하는 자녀의 상실과 관련된 슬픔 반응을 일으키기도 한다. '장애자녀와 함께 죽을까?' 하는 극단적인 생각을 하며 심한 우울에 빠질 수 있다. 장애자녀에 대한 희망을 잃고 장애자녀를 포기하거나 무관심한 상태로 방치해 버리는 경향을 보이기도 한다. 부모 자신은 물론 가족 전체가 절망 속에 빠져들기도 한다.

(7) 자긍심의 상실

장애아동 부모는 자녀가 가진 결함을 자신의 결함으로 생각하여 부모 자신의 삶의 목적이 급격하게 변화되고 자긍심을 상실하게 된다.

(8) 수치심

장애아동 부모는 자녀의 장애로 인하여 수치심을 느끼며 사회적으로 거부당하거나 동정을 받게 되고, 체면이 손상되며 비웃음 등을 살 것이라고 예상한다. 이로 인해 사회적인 위축을 나타낸다.

(9) 심리적 양면성

장애아동에게 사랑과 미움이 교차하면서 심리적 양면성이 발달되어 거부나 과잉보호를 번갈아 나타내는 일관되지 못한 행동을 나타낼 수 있다.

(10) 자기희생

장애자녀 때문에 모든 개인적인 기쁨을 희생하고 순교자적 태도를 가진다. 장애아동 부모는 모든 관심을 장애아동에게 맞추게 되고 다른 가족구성원의 희생을 요구하게 된다.

(11) 방어

장애아동 부모는 장애자녀에게 주어지는 비난에 아주 민감하고, 분노와 호전성을 가지고 반응한다. 극단적인 경우 학교의 담임선생님에게도 자녀의 장애를 부정하고 단점을 합리화하고 자녀의 장애에 대해 지적하는 사람과 다투고 싸우려는 경향이 있다.

(12) 환멸

완전성을 동경하는 부모는 자녀를 통해 성취와 행복에 대한 자신의 꿈을 이루고자 하는데 장애를 가진 자녀는 그 수단으로 적합하지 않고 장기적인 실망을 가져오고 나중에는 환멸을 느끼게 된다.

(13) 존재의 무의미

장애아동 부모는 자신의 자녀가 장애가 있다는 사실 앞에서 자녀를 통해 존재의 의미를 찾으려는 노력이 박탈되고 그래서 주체할 수 없는 존재의 무의미함을 경험하게 된다.

(14) 과거지향

장애아동 부모는 미래에 대해 생각할 때 자녀가 장애로 인해 학업적 실패를 겪고, 일과 독립적인 생활에 대해 무능력하며, 외롭고 고립된 생활을 할 것이라고 가정하게 된다. 일반적으로 장애자녀가 나이가 들게 되면 이용할 수 있는 서비스가 제한되고 그에 따라 좌절은 더욱 커진다. 그래서 장애아동 부모에게 미래는 거의 없고 미래에서 과거지향으로 이동하는 경향이 있으며 미래에 대해 낙관적이기보다는 비관적인 태도를 가지게 된다.

(15) 협상과 수용

장애아동의 부모가 자녀의 장애문제를 이해하고 장애자녀를 있는 그대로 수용할 수 있게 되면 죄의식을 갖지 않고 자유롭게 장애자녀의 문제를 의논할 수 있게 되고 장애자녀에게 가장 좋은 지원을 하려고 노력하게 된다.

2) 장애아동 부모의 장애 수용 단계

장애아동 부모가 장애아동을 수용하는 과정은 일정한 단계를 거친다고 보았다.

첫째, 생존기에 부모는 자녀가 자신의 노력에도 불구하고 다른 아동들과 같은 동등한 삶의 기회를 가질 수 없다고 판단될 때 완전한 무력감을 느낀다. 생존기는 공포, 혼란, 죄의식, 비난, 수치심, 분노를 포함한 많은 불쾌한 감정을 나타내는 시기다.

둘째, 탐색기는 장애아동과 함께 하는 그 순간부터라고 할 수 있다. 아동의 장애에 대한 의문과 진단과 서비스 프로그램을 찾는 외적 탐색과 장애아동의 부모로서 자신의 정체성을 찾으려는 내적탐색으로 나누어 볼 수 있다. 탐색기에 많은 부모들은 다양한 감정이 교차하는 끊임없는 갈등에 휩싸이게 된다.

셋째, 안정기는 장애아동이 취학하여 치료 프로그램에 참여하며 필요한 중재를 받는 시기로 외적 탐색이 안정되면서 부모의 태도가 안정되고 감정이 누그러져 있다. 장애아동의 변화는 시간을 요하며 어쩌면 전 생애를 걸쳐 이루어져야 한다는 것을 깨닫는 시기다.

넷째, 분리기는 부모로부터 분리되어 독립을 이루는 중요한 단계다. 태어나면서부터 시작되며 점진적으로 이루어진다. 장애아동의 경우 그 과정은 일반 아동과 다르거나 느려질 수 있다. 신체적 혹은 인지적 한계를 지닌 장애아동들은 그들 스스로 분리를 시작할 수 없고 보다 독립적이며 자기만족을 할 수 있도록 아동을 도와주어야 한다. 장애아동은 신변자립을 하는데 많은 시간이 요구되며 신체 보호와 학습에 더욱 많은 반복활동이 필요하다. 분리기는 부모에게는 생존기 동안 느끼는 죄의식이나 슬픔, 심리적 혼란 등을 다시 불러일으킬 수 있는 시기다.

장애아동 부모의 장애 수용단계는 연속선상의 발달 단계로 제시되지만 실제로 부모의 특성, 주위환경, 사회적 자극 등에 의해 단계들이 반복되어 나타난다.

함께 가기

1 내 아이의 장애

짚고 가기

　부모는 장애아동의 좋은 교사와 치료사가 되어야 한다. 좋은 교사와 치료사가 되려면 아동의 장애 유형, 특징, 치료 방법 등에 대해 정확하게 알아야 한다. 장애에 대한 정확한 정보는 부모의 불안을 낮추고 치료에 전념할 수 있도록 돕는다. 자녀의 장애에 대한 부모의 불안을 낮추어야 장애아동의 치료가 효과적으로 이루어진다. 부모는 정확한 정보를 바탕으로 지금 당장 무엇이 필요하고, 무엇이 가장 중요한지 교육과 치료의 우선순위를 알 수 있고, 그 결과 자녀에게 적절한 치료를 제공할 수 있다. 부모가 자녀의 장애를 뒤늦게 수용하면 할수록 자녀는 적절한 치료적 개입을 받을 수 있는 시기를 그만큼 놓치게 된다. 장애아동 치료에서 조기개입은 무엇보다도 중요하다. 발달의 결정적인 시기를 놓치지 않고 조기중재를 받은 경우는 예후가 좋기 때문이다. 부모는 장애아동의 전 생애에 걸쳐 생애주기별 계획을 세우고 장기전을 준비해야 한다.

　장애는 가족 전체에게 영향을 미친다. 부모가 장애아동의 욕구에 우선적으로 반응하게 되면서 비장애형제는 부모로부터의 도움을 받지 못하게 되는 경우가 많다. 비장애형제는 관심을 얻기 위해 자신의 욕구보다 다른 사람의 욕구를 우선시하는 것을 배우게 되고, 가족 내에서 자기를 표현하는 데 어려움을 나타낸다. 또한 부모가 장애아동에 대한 보상으로 비장애형제에게 갖는 지나친 기대 때문에 무엇이든 잘 하고 완벽해야 한다는 압박감을 느낀다. 비장애형제의 문제는 표면적으로 잘 드러나지 않다가 자아가 확립되는 사춘기 시기에 갑작스럽게 표출되기 시작하는 경우가 많아 부모와 가족들이 어려움을 호소하게 된다. 장애가 가족에게 미치는 영향을 탐색하기 위해서 가족 모두 참여가 가능하다면 가족체계진단을 통하여 가족의 모습을 돌아보는 기회를 가지는 것이 좋다.

　함께 가기에서는 화지를 9분할로 나누어 자녀의 장애를 생각하면 떠오르는 복잡하게 얽혀 있는 다양한 이미지를 포괄적이고 통합적으로 표현하도록 도울 수 있다. 그리고 부모가 가지는 장애에 대한 인식을 확인하고 자녀에게 미치는 영향을 탐색할 수 있다. 달고나를 만드는 과정을 통해 자신과 양육 스트레스를 표현하여 양육 스트레스는 불가피한 것이고 관리해야하는 것임을 인식할 수 있다. 그리고 양육 스트레스의 유발요인을 탐색하여 스트레스를 완화시킬 수 있는 구체적인 방법을 찾아볼 수 있다. 가족인형에 자녀의 장애를 상징하는 실타래를 묶거나 엮어서 장애의 영향을 시각적으로 관찰할 수 있다. 또 자녀의 장애가 가족에게 미치는 부정적인 영향을 줄이는 대처방식을 탐색하고 긍정적인 영향을 생각해 보는 기회를 가질 수 있다.

1 내 아이와 장애

▌목표

1. 부모가 지각하는 자녀의 장애에 대한 인식을 알 수 있다.
2. 부모의 장애에 대한 인식이 자녀에게 미치는 영향에 대해 알 수 있다.

▌준비물

손수건, 실, 솜, A4용지, 사인펜, 색연필

▌활동방법

1. 손수건의 중앙에 솜을 넣어 동그랗게 감싼 후 실로 묶어 인형의 머리를 만든다. 손수건의 모서리를 각각 잡고 매듭지어 팔과 다리를 만들어서 자녀를 상징하는 인형을 완성한다.
2. 인형의 팔과 다리를 움직여 자녀가 자주하는 행동, 자신을 화나게 하는 자녀의 행동 등의 자세를 만들어 보며 자녀의 장애와 관련한 행동과 특징들을 탐색한다.
3. A4용지에 검정색 사인펜으로 테두리를 그린 후 테두리 안을 3×3으로 나누어 9칸으로 만든다.
4. 자녀의 장애를 생각하면 떠오르는 것들을 각 칸에 하나씩 문자, 도형, 기호 등으로 표현한다.

5. 장애의 증상, 교육, 양육, 예후, 유사한 장애를 가진 사람들 등에 대해 얼마나 알고 있는지 이야기 나눈다.

6. 자녀의 장애에 대해 잘 알고 있는 경우 정보를 수집하고 장애를 이해하려고 노력한 것에 대해 지지한다. 자녀의 장애에 대해 잘 알지 못할 경우 관련 정보에 대한 습득 정도를 확인하여 정보를 얻는 방법에 대해 이야기 나눈다.

7. 부모의 장애인식이 장애자녀에게 미치는 영향에 대해 이야기 나눈다.

8. 활동 후 느낀 점에 대해서 이야기 나눈다.

사례 1.   지적장애, 초등학교 1학년 여학생의 어머니

　　내담자는 인형을 만들면서 자녀가 태어났을 때 예뻤던 모습이 생각난다고 하였다. 그러나 지금은 정말 말을 안 듣고 제멋대로 하려고 한다고 하며 인형의 팔과 다리를 움직였다.

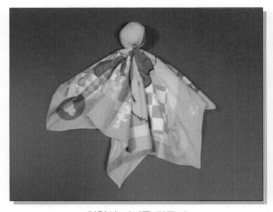

인형의 머리를 만들기

내 아이 인형

　　자녀의 장애를 생각하면 떠오르는 것으로 '간질, 학습능력, 한 말 또 하고, 감정기복, 음식 뱉기, 행동장애, 사회성, 수 개념 + −, 신발 신기'라고 표현하였다. 내담자가 자녀의 장애에 대해 가장 먼저 떠오르는 생각은 장애의 이유에 대한 것이었다. 장애를 가지게 된 이유가 열경기로 인해 뇌가 손상되었기 때문이고, 자신이 경제적인 이유로 아픈 자녀를 다른 사람에게 맡겨서 제대로 돌봐 주지 못했기 때문에 일어난 일이라고 하였다. 내담자는 당시의 상황과 감정에 대해 현재 일어나고 있는 일처럼 생생하고 구체적이고 세세하게 기억하고 있었다. 자녀는 간질약을 계속 복용하고 있고, 1년에 한 번씩 정기검진을 받고 있다고 하였다. 뇌손상으로 인해 학습능력이 떨어지고, 지금은 수 개념을 배우는데 더하기와 빼기가 잘되지 않는다고 하였다. 감각적으로 예민해서 딱딱한 음식이나 특정한 냄새가 나는 음식은 먹지 않고 뱉어 내며 신발을 신을 때도 꽉 조이면 벗어 버린다고 하였다. 또 충동적으로 움직이고 갑자기 기분이 좋아서 날아갈 듯 뛰어다니다가 마음대로 안 되면 소리를 지르는 등 감정기복이 심하다고 하였다. 또래 아이들과 어울리지 못하고 학교에서 규칙 지키는 것도 안 되고 사회성이 많이 떨어진다고 하였다. 자신에게 했던 말을 자꾸 반복하는 것도 장애 때문이라고 하였다.

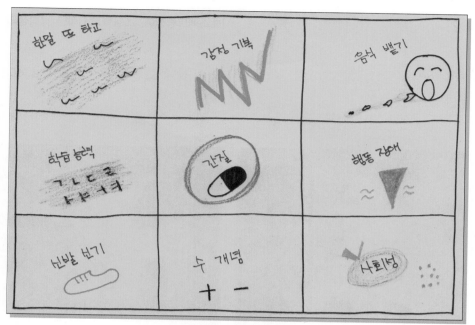

자녀의 장애를 생각하면 떠오르는 것

내담자는 자녀의 장애를 어떻게 인식하는지 살펴보면서 자녀의 장애가 자신의 잘못이라는 죄책감이 깊게 자리 잡고 있음을 알게 되었다고 하였다. 내면의 죄책감으로 인해 이전에 돌보지 못했던 장애자녀를 지금이라도 돌봐야 한다는 보상심리가 작동을 해서 더 많이 애쓰고 있다는 생각이 든다고 하였다. 죄책감이 줄어든다면 지금보다 여유 있게 자녀를 대할 수 있을 것이고, 심리적으로 지치는 일이 줄어들 것이라고 하였다.

다음 회기에 만난 내담자는 자신이 자녀가 장애로 인해 하는 행동을 이해하게 되면서 야단치고 화내는 일이 많이 줄었다고 하였다. 글자를 틀려도 편지를 써 온 것에 대해 칭찬하게 되고, 빼기는 못해도 더하기는 잘한다고 칭찬하게 되어 자녀가 칭찬받고 즐거운 일이 많아진 것 같다고 하였다.

사례 2.   자폐스펙트럼장애, 초등학교 3학년 남학생의 어머니

　　내담자는 인형을 만들고 움직여 보면서 자녀가 운동은 참 잘한다고 하며 공 차는 모습, 스케이트 타는 모습을 만들었다.

내 아이 인형 움직여 보기 1

내 아이 인형 움직여 보기 2

　　자녀의 장애를 생각하면 떠오르는 것으로 정서적 교감X, 반복. 반복. 반복(같은 행동), 갔어?… 대답못함, 양, 상호작용X, 스케이트, 세수, 팔 끌기, 혼자 자기를 표현하였다. 내담자의 자녀는 자폐스펙트럼장애를 가지고 있고 사물의 기능을 묻는 질문은 대답을 하지만 "엄마, 갔어?" 등의 간단한 질문에는 대답하지 못하고, 다른 사람의 팔을 끌어 간단한 자기 의사표현을 하는 등 표현하는 언어에 제한이 있다고 하였다. 양처럼 순하고 나쁜 의도를 가지고 행동하는 일은 없는 순수함을 가지고 있다고 하였다. 내담자가 요구하지 않으면 껴안고 입을 맞추는 정서적 행동은 나타나지 않는다고 하였다. 스케이트를 타거나 줄넘기를 하는 등의 운동기능은 좋은 편이고, 세수를 혼자 할 수 있고, 목욕을 하고 난 후에 들어가서 자라고 시키면 혼자 방에 들어가서 침대에서 잠들 수 있다고 하였다.

자녀의 장애를 생각하면 떠오르는 것

내담자는 자녀에게 엄마가 있다는 안정감을 주고 싶으며 자녀와의 교감을 원한다고 하였다. 내담자는 자신이 어린 시절 부모와 정서적인 교감을 하지 못하였기 때문에 자신의 자녀와는 감정교류를 많이 하고 싶은 욕구가 있다는 것을 알게 되었다고 하였다. 그러나 자녀가 가진 자폐스펙트럼장애의 특성으로 정서적 교감은 상당한 제한점이 있을 수밖에 없음을 치료사와 이야기 나누며 정서적으로 교감하고 싶은 내담자의 욕구와 기대로 인해 자녀와의 관계에서 불필요한 좌절감을 경험하게 되었고 스트레스가 가중되어 왔음을 알게 되었다고 하였다. 내담자는 자신이 자녀의 장애에 대해 바르게 이해해야 자녀에게 맞는 교육을 할 수 있고 자녀가 더 빨리 좋아질 수 있겠다는 것을 알게 되었다고 하였다.

❚ Tip

1. 9분할 된 칸을 다 채우지 못할 경우 모든 칸을 채우지 않아도 된다고 격려한다.

2. 연상을 하지 못하고 어려워할 경우 잡지에서 문자, 그림, 색 등을 선택하도록 유도한다.

3. 자녀의 장애에 대해 인식하지 못하거나 부정하려고 하는 경우 자녀의 언어나 행동적 특성, 어려움을 겪고 있는 부분 등 관찰해 온 구체적인 사실을 목록으로 작성한다.

4. 부모에게 욕구가 있고, 필요한 경우에는 장애의 특성, 교육, 행동수정, 부모역할, 현재부터 직업전환까지 생애주기별 계획, 보편적인 예후부터 예외에 대한 희망 등 자녀의 장애와 관련한 부모교육을 받을 수 있도록 돕는다.

장애와 양육 스트레스

2

▌목표

1. 자녀의 장애로 인한 스트레스 유발요인을 탐색할 수 있다.
2. 자녀 양육 스트레스를 완화하는 방법을 알 수 있다.

▌준비물

달고나 세트, 설탕, 소다, 함석판, 칼, 도화지, 메모지, 사인펜

▌활동방법

1. 칼을 사용하여 함석판을 가로 2cm, 세로 60cm로 길게 잘라 준비한다.
2. 길고 가늘게 자른 띠 형태의 함석판을 구부려서 자신의 모습으로 사람 모양틀을 만든다.
3. 설탕을 장애자녀로 인한 양육 스트레스라고 생각하고 국자에 설탕을 부어서 불에 녹인 후 소다를 첨가하여 부풀린다.
4. 부풀린 설탕을 밑판에 덜고 누르개로 눌러 달고나를 만든 후 자신의 모습으로 만든 사람 모양틀을 찍는다.
5. 달고나에 찍힌 자신의 모양만 남겨 두고 나머지 부분을 양육 스트레스라고 생각하여 떼어 낸다.

6. 양육 스트레스를 떼어 내려고 하면 떼어 내지지 않고 사람 모양이 부서지는 달고나를 보면서 느껴지는 감정에 대해 이야기를 나누며 양육에 대한 부담이 자녀의 것이 아니라 자신의 일부임을 인식한다.

7. 자녀를 양육하면서 자신이 가장 스트레스를 많이 받는 부분을 찾아서 메모지에 적고 도화지에 붙인다.

8. 자신이 스트레스를 받고 있는 부분이 자녀의 장애 특성 때문인지, 자신의 성격 때문인지, 특정 상황이나 환경 때문인지 이유를 구분하여 스트레스를 적은 메모지 아래에 붙여 표시한다.

9. 현재의 스트레스를 줄이거나 해소하기 위해 자신이 해야 할 행동이 무엇인지 생각하여 메모지에 적어서 스트레스의 이유 옆에 붙인다.

10. 활동 후 느낀 점에 대해서 이야기 나눈다.

사례 1. 자폐스펙트럼장애, 초등학교 5학년 남학생의 어머니

내담자는 함석판으로 만든 자신의 모습이 별 모양처럼 되었다고 하며 젊은 시절에는 경영학을 전공하고 직장에 다니면서 꿈이 많았었다고 하였다.

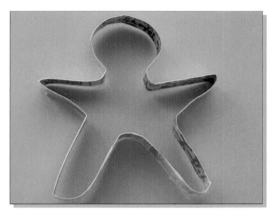

자신의 모양틀

어릴 때 달고나를 정말 잘했었다고 하며 달고나에 찍힌 사람 모양을 뜯어내어 스트레스와 자신을 분리하려고 하자 자신의 모습이 깨어졌고 "아~ 아깝다."라고 하며 웃어 보였다. 양육 스트레스가 달고나처럼 달달한 것이면 먹고 기분이 좋아질 것 같다고 하며 떼어 내고 벗어날 수 없다면 부딪혀 보겠다고 하였다.

스트레스에 둘러싸여 있는 자신

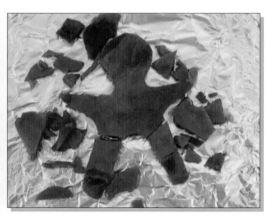

스트레스와 분리하려다 자신이 깨어진 모습

내담자는 현재 자녀를 양육하면서 가장 스트레스를 받는 것으로 두 가지를 적었다. 첫 번째는 자녀가 한 가지 생각에 꽂히면 빠져나오지 못하는 것이라고 하였다. 자녀는 동일성에 대한 욕구가 강하고, 사고전환이 아주 힘든데 이것은 자폐스펙트럼장애의 기질적인 증상임을 이야기 나누었다. 치료사와의 상담을 통해 내담자는 야단치고 스트레스를 받는 것보다 자녀가 꽂힌 생각에서 빨리 빠져나오도록 전환을 시키는 것이 대처방법이라는 것을 알게 되었다고 하였다. 자녀가 꽂힌 생각에서 빠져나오게 하는 방법으로 자녀가 답을 할 수 있는 수준에서부터 선택형 질문으로 답을 요구한 후 그 질문의 답들을 모아서 종합하는 것까지 표현할 수 있도록 연습하는 방법을 선택하였다.

내담자는 자녀가 지하철에서 갑자기 떠오른 노래를 계속해서 크게 부르는 상황에서 질문하는 방법을 치료자와 함께 역할 연습하였다. 선택을 할 수 있는 질문으로 먼저 "여기가 노래방이야, 지하철이야?"라고 질문하면 자녀가 "지하철이에요."라는 대답을 하고, 다음으로 "지하철에서 크게 노래를 부르면 사람들이 좋아해, 싫어해?"라고 질문을 하면 자녀가 "지하철에서 크게 노래를 부르면 사람들이 싫어해요."라고 대답을 하였다. 만약 자녀가 사람들이 좋아하는지 싫어하는지 모를 경우에는 싫어한다는 것을 가르쳐 준후 자녀가 대답을 하도록 해야 한다고 알려 주었다. 그 다음 "지하철에서 크게 노래를 불러야 할까, 조용히 해야 할까?"라고 질문을 하고 자녀는 "지하철에서 조용히 해야 해요."라고 대답을 하였다. 이렇게 두 가지 중에 선택을 하는 질문을 하여 자녀가 스스로 대답을 정확히 하면 "지하철에서는 어떻게 해야 할까?"라는 질문을 하여 자녀가 "지하철에서 큰 소리로 노래를 부르면 사람들이 싫어하기 때문에 조용히 해야 해요."라고 종합해서 말하도록 지도하는 방법을 연습하였다.

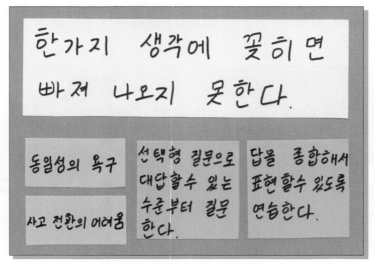

양육 스트레스의 이유와 해결방법 1

두 번째는 자녀가 하기 싫거나 어렵다고 생각될 때 하지 않으려고 고집을 피우고, 계속 하도록 하면 소리를 지르거나 발을 구르며 크게 우는 등 감정적인 폭발을 일으키는 것이 스트레스라고 하였다. 태권도에서도 그런 감정적 폭발을 자주 일으켜서 자녀가 관장님을 발로 차거나 관장님께 매트를 던지는 행동을 하여 자주 야단을 들었다고 걱정을 하였다. 지난해에 학교에서도 강당에서 형들과 싸움이 붙었는데 혼자서 4명의 형들에게 소리를 지르고 물건을 던지고 발로 차서 내담자가 학교까지 불려 간 적도 있다고 하였다.

치료사는 자녀의 감정적 폭발이 자신의 감정을 언어로 표현하지 못하는 것에서부터 비롯된다는 것을 이야기해 주었다. 언어능력이 향상되어 자신의 감정을 세세하게 표현할 수 있게 될 때까지 폭력으로 감정을 표현하는 것을 정당화해서는 안 되고, 자녀가 감정을 폭발시키거나 공격적으로 표현하지 않기 위해서는 내담자 자신이 감정표현의 모델링이 되어야 한다는 것을 알게 되었다고 하였다. 내담자는 매일 자녀의 앞에서 자신의 감정을 표현하여 자녀가 모방하여 학습할 수 있도록 연습하는 방법을 선택하였다.

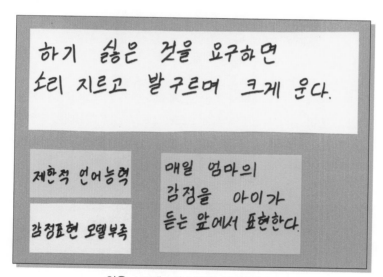

양육 스트레스의 이유와 해결방법 2

내담자는 자신이 가지고 있던 스트레스가 자녀의 장애 특성으로 인한 것이고, 언어능력이 부족하고, 감정표현을 하는 데 모델이 부족하기 때문이라는 것을 알고 나니 스트레스를 받는 것보다 가르칠 것이 많아진 것 같다고 하였다. 자녀를 가르치면서도 스트레스를 받겠지만 이유도 모르고 스트레스 받는 것보다 가르치면서 스트레스 받는 것이 더 좋은 스트레스 같다고 하였다.

사례 2.

자폐스펙트럼장애, 초등학교 5학년 남학생의 어머니

내담자는 예쁘게 꾸미는 것을 좋아한다고 하며 치마를 입은 모습으로 자신을 표현하였다.

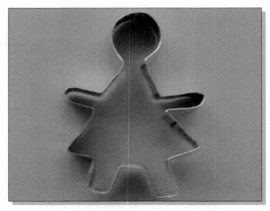

자신의 모양틀

달고나에 찍힌 사람 모양을 머리 부분부터 조심스럽게 떼어내기 시작하여 팔 부분을 떼어 내리는데 금이 간 것을 발견하였다. 팔이 살짝 부러진 후에도 스트레스와 자신을 떼어내는 작업을 계속하였고, 다리 부분이 부러지고 난 후에는 생각처럼 잘 되지 않아서 실망스럽다고 하였다. 자신의 양육스트레스도 떼어 내려고 하면 할수록 해소가 되지 않고 더 쌓이는 것 같다고 하였다.

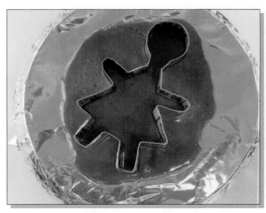

스트레스에 둘러싸여 있는 모습

스트레스와 분리하려다 자신이 깨어진 모습

내담자가 자녀를 양육하며 스트레스를 가장 많이 받는 부분은 자신이 일일이 다 챙겨서 해 줘야 한다는 것과 스트레스가 계속 쌓여서 몸이 아프다는 것이었다. 내담자는 자녀의 양육과 교육은 자신이 아니면 안 된다는 생각을 가지고 있고, 모든 것을 통제하고 감시하는 레이더와 같이 되고자 하는 마음이 많다고 하였다. 만약 자신이 통제하지 않으면 질서가 깨어질 것 같아 불안하다고 하였다. 내담자에게 도움을 받을 곳이 있는지 물어보자 남편이 몸을 쓰는 일을 하기 때문에 일을 마치고 퇴근하면 쉬게 해 주어야 할 것 같아 도와 달라고 말하는 것은 생각도 해 본 적이 없다고 하였다. 그리고 자녀 양육에 있어서는 남편과 합의점을 전혀 찾지 못해 자신이 양육을 도맡아 해야 한다고 생각하고 있었다. 이로 인하여 스트레스가 가중되어 매우 지쳐 있는 상태이고 몸이 아프다고 하였다. 내담자는 한의원에서 스트레스로 인한 빈혈이라고 진단을 받았고, 만성 위염과 근육통이 있고, 한 달에 한 번은 병원에 가서 수액을 맞을 만큼 힘들다고 하였다. 이 상태가 계속 된다면 자신이 가장 힘이 들 것 같고, 가정이 망가질 것 같다고 하며 눈물을 보였다. 내담자는 자신의 완벽주의 성격과 해야 할 일이 많은 환경으로 인해 스트레스가 많다는 것을 확인하였다.

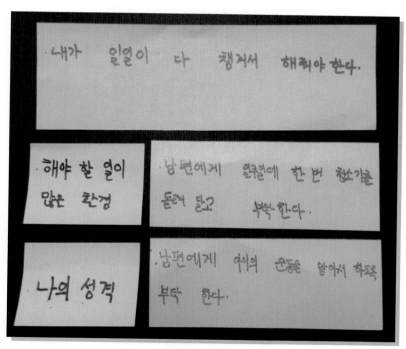

양육 스트레스의 이유와 해결방법 1

내담자 자신이 변해야 하는 것은 알겠는데 어떻게 해야 할지 모르겠다고 하여 자신이 혼자 하고 있는 일들을 주변사람들과 함께 나누는 방법과 스트레스를 이완하기 위한 방법들을 탐색하였다. 내담자는 배우자에게 학업적인 면은 부탁하기 어렵지만 자녀와 운동하는 것은 좋아하니까 자녀의 운동을 맡아서 하도록 부탁하겠다고 하였다. 또, 집안일을 도와주면 좋겠는데 배우자에게 일주일에 한 번 청소기를 돌려 달라고 부탁하면 그 정도는 분명 해 줄 것 같다고 하였다.

스트레스를 이완하는 방법으로 배우자가 등산을 좋아해서 등산을 자주 가는데 자녀들은 친정에 맡기고 배우자와 둘이서 등산을 가겠다고 하였다. 또 자녀들이 학교를 가고 나면 자신이 맛있는 커피를 마시면서 30분은 쉬는 시간을 가지면 좋겠다며 스트레스를 해소하는 방법을 찾았다.

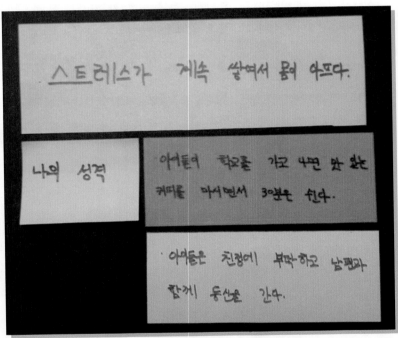

양육 스트레스의 이유와 해결방법 2

▎Tip

1. 초등학교 학습교재용으로 사용하는 함석판은 0.3~0.4mm의 두께로 4~8절 크기를 판매하며 문구점에서 구입할 수 있다.

2. 달고나 세트는 국자, 끌개, 밑판, 누름판, 화로대, 고체연료로 구성되어 있는 것을 구입하여 사용하면 편리하다.

3. 장애에 대한 인식이 낮고, 수용이 어려워서 스트레스의 이유를 구분하지 못하는 경우에는 자신이 원하는 방향으로 자녀의 행동이 옮겨 가도록 하는 구체적인 방법을 탐색한다. 부모에게 욕구가 있다면 자녀의 장애 특성에 대한 이해와 자신의 특성에 대한 이해를 돕는 시간을 가진다.

4. 스트레스의 원인이 장애자녀를 양육하는 적절한 방법을 습득하지 못한 것일 경우에는 부모교육을 통해 적절한 양육 방식을 학습하도록 돕는다.

3 장애가 가족에게 미치는 영향

목표

1. 자녀의 장애가 가족에게 미치는 영향에 대해 탐색할 수 있다.
2. 자녀의 장애가 가족에게 미치는 영향에 대한 부정적 영향을 줄이고 긍정적인 대처 방식을 알 수 있다.

준비물

실타래, 뜨개질 바늘, 가족인형, 가위

활동방법

1. 자신의 가족을 상징하는 가족인형을 선택하여 현재 가족의 모습을 거리, 방향, 자세를 고려하여 배치한다.
2. 자녀의 장애가 가족에게 미치는 영향은 어떤 것이 있는지 탐색한다.
3. 자녀의 장애를 실타래라고 생각하고 가족인형에 감거나 엮어 그 영향을 표현한다.
4. 하나의 인형을 움직이면 가족 전체가 흔들리거나 넘어지거나 위치가 변하는 것을 관찰하며 자녀의 장애가 각각의 가족구성원과 가족 전체에게 영향을 미치는 것을 확인한다.
5. 자녀의 장애가 가족에게 미치는 부정적인 영향을 줄일 수 있는 방법을 찾는다.

6. 자녀의 장애가 가족에게 미치는 긍정적인 영향은 무엇인지 생각하며 가족인형에 감거나 엮었던 실타래를 풀어서 뜨개질 바늘로 작은 목도리를 짠다.

7. 완성된 목도리를 가족인형과 함께 놓는다.

8. 활동 후 느낀 점에 대해서 이야기 나눈다.

☆ 이렇게도 할 수 있어요

'활동방법 6'에서 뜨개질 바늘로 목도리 짜는 것을 모르거나 어려워할 경우에는 털실을 길게 여러 겹 겹쳐서 한쪽 끝은 묶고 한쪽 끝은 자른 뒤 머리를 땋을 때처럼 땋아서 목도리를 짤 수 있다.

사례 1.

자폐스펙트럼장애, 초등학교 2학년 남학생의 어머니

자녀의 장애로 인해 자신은 자녀만 바라보게 되었고, 자신이 감정조절이 안 되어 배우자와 다투는 일이 잦아졌다고 하였다. 내담자는 자녀의 가까이에서 손을 내미는데 자녀는 다른 곳을 바라보고 있고, 배우자는 자녀의 장애를 인정하려고 하지 않고 외면하고 있어 등을 돌리고 다른 곳을 보는 모습이라고 설명하였다.

가족의 모습 배치

장애의 문제는 자녀가 가지고 있는데 그 문제가 고스란히 자신의 문제이고 자신이 해결해야 할 문제처럼 느껴져서 자녀와 자신에게 실을 감았고, 배우자는 자녀의 장애를 인정하지 않고 벗어나 있는 것 같아서 배우자에게는 실이 가다가 끊어진 상태로 표현하였다.

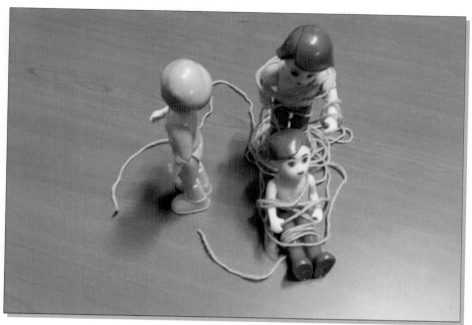

자녀의 장애가 가족에게 미치는 영향 1

내담자는 자녀의 초등학교 입학을 1년 유예하고 학교 갈 준비를 시키면서 자녀를 너무 야단치며 가르쳤다고 하였다. 학교에 입학한 후로는 교실에 잘 앉아 있는지 급식은 잘 먹는지 너무 걱정이 되고, 자녀가 눈에 보이지 않으면 불안해서 매일 학교에 가고 있고, 자녀는 학교 부적응으로 밤에 잠을 잘 못 자고 음식도 잘 못 먹는다고 하였다. 여러 곳의 치료실을 다니면서 같이 지쳐서 쓰러져 있는 것 같다고 하였다. 자녀에게 집중하다 보니 배우자와는 점점 멀어졌다고 하며 자신의 인형을 움직여 자녀 인형을 밀어서 배우자 인형과 멀어지게 하고, 자녀 인형을 넘어뜨렸다. 최근에는 자신이 자녀를 교육하고 있을 때 배우자가 식사를 차려 주기도 하고 주말에는 청소를 도와주기도 한다며 배우자 인형의 손에 실을 묶어 주며 같이 부부가 서로 연결은 되어 있는 것 같다고 하였다.

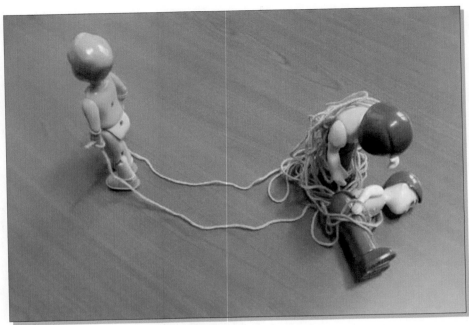

자녀의 장애가 가족에게 미치는 영향 2

자녀도 힘들겠지만 자녀의 장애로 인해 가장 영향을 많이 받은 내담자 자신이 가장 힘들다고 하였다. 내담자는 유아교육을 전공하여 유치원 교사로 일하다가 자녀에게 장애가 있다는 것을 알고 직장을 그만 두고 자녀의 치료에 집중을 하고 있는데, 자기 발전을 못하는 것 같고 같이 일하던 동료들을 만나게 되면 무기력해지고 우울감을 느끼게 된다고 하였다. 사람들을 만나는 것을 좋아했는데 자녀의 장애를 바라보는 사람들의 시선이 불편해서 만남을 꺼리게 되고, 친구모임에 나가지 못하여 주변과의 관계도 멀어졌다고 하였다. 내담자는 '아이에게 얽매여 있어 자유가 없다, 친구들과 여행을 가지 못한다, 해외여행을 가려면 불편해서 갈 수 없다, 시댁과 친정에서 아이가 걱정의 대상이 된다, 초등학교에서 아이를 잃어버린 경험이 있고 미아가 되는 것에 불안감을 느낀다, 아이의 교육과 학교 문제로 이사를 마음대로 갈 수 없다, 고층 아파트에서 살고 싶지만 아이가 뛰기 때문에 저층으로 집을 선택해야 한다.' 는 이야기를 하며 내담자는 자신의 욕구를 충족시키지 못하고 포기해야 하는 부분이 많다는 것을 알게 되었고, 이로 인해 자녀가 부담스럽게 느껴지게 되는 것을 알게 되었다고 하였다.

내담자는 다른 사람들에게 보이고 싶은 모습이 있지만, 실제는 그 모습과 다르기 때문에 내적인 갈등이 많고 이로 인해 우울감이 많다는 것을 알게 되었다고 하였다. 현재 자녀의 상태를 인정하면 편해질 것 같고 실제로 장애아이들 엄마를 만나면 덜 불편하다고 하며 자신을 이해해 주는 사람을 만나서 이야기를 나누는 것이 부정적인 영향을 줄이는 방법일 것 같다고 하였다.

내담자는 어린 시절부터 빨리 갖고 싶었던 가정을 만들게 되었고, 자녀가 잠들어 있는 모습을 보면 너무 사랑스럽고 이런 느낌을 자녀가 아니면 줄 수 없을 거라고 하였다. 자녀의 장애로 인해 긍정적인 영향을 받은 것을 찾아보며 쉽게 포기하고 좌절해서 '나는 못해.'라고 말하던 나약한 자신이 힘든 과정을 이겨 갈 수 있는 힘을 얻고 강해지고 있는 것 같다고 자신을 돌아보았다. 자녀를 따뜻하게 감싸 주고 싶다고 하며 자녀에게 목도리를 둘러 주었고, 배우자와 함께 노력을 하면 자녀도 좋아지고 자신의 우울감도 덜하게 될 것 같다고 하였다.

목도리와 가족

사례 2.   자폐스펙트럼장애, 7세 남아의 어머니

　내담자는 자녀의 언어발달이 늦어서 1년 전부터 언어치료를 받았고, 장애진단을 받은 지는 한 달 정도 지났다고 하였다. 자신은 자녀의 장애를 받아들이고 있어 자녀를 마주 보고 있다고 하였다. 배우자는 힘들어하다가 병원에 가서 의사의 이야기를 듣고는 이제야 겨우 자녀의 장애를 수긍한 상태라고 하였다. 배우자는 자녀를 자신의 뒤에서 바라만 보고 있는 모습이라고 하였다.

가족의 모습 배치

　배우자는 자신의 원가족에서 가족구성원 간 사이가 좋지 않아 가족이라는 존재가 부담스러웠고 자녀를 잘 키울 자신이 없기 때문에 자녀를 가지고 싶지 않다고 하며 부부 둘만 살자고 했었다고 하였다. 배우자가 자녀를 안으려고 하면 자녀가 자폐 특성 때문에 짜증을 내고 밀치는 것인데 배우자는 자녀가 자신을 싫어한다고 생각하여 자녀를 쳐다보지 않으려고 한다고 하였다. 내담자 자신도 자녀의 장애를 받아들이는 일이 힘든데 배우자는 더 못 받아들이는 것 같아 답답하고 걱정이 된다고 하였다.

1 내 아이의 장애

 자녀의 장애로 인한 영향을 나타내는 털실을 자녀와 자신에게 감고 배우자의 발목에 묶어서 표현하였다. 자녀의 장애는 가족 중 내담자에게 가장 큰 영향을 미치고 있다고 하며 털실을 자신에게 가장 많이 감았고, 배우자는 자신과 자녀에게 발목이 잡힌 것이라고 하였다. 배우자는 자기 시간이 있지만 내담자는 자녀를 교육시켜야 해서 자녀가 치료실에 들어가면 기다리면서 차를 마시는 것 외에는 하고 싶은 것을 할 수 있는 자신의 시간이 없다고 하였다. 자기 시간이 없어서 슬프고 우울감이 생길 때가 있다고 하였다. 자녀가 잘 자고 학습을 잘하면 너무 기쁘고 그렇지 않으면 좌절하여 감정의 기복이 크다고 하였다. 자녀가 장애가 없었더라면 가족이 나들이를 갈 때 주변 사람들의 눈치를 보지 않고 마음 편하게 더 많은 야외활동을 했을 것 같다고 하며 자녀의 장애는 삶의 모습 전반을 바꾸어 놓은 것 같다고 하였다.

자녀의 장애가 가족에게 미치는 영향 1

발목이 묶인 배우자는 자녀와 내담자에게서 멀리 떨어지려 하다가 내담자와 자녀가 너무 힘들어하는 것을 보고 다시 돌아와 옆에 서 있는 모습이라고 설명하였다. 인형을 움직이며 장애로 인한 영향을 살펴보다가 자녀로 인해 느끼는 기쁨과 좌절은 자녀에게 장애가 없더라도 있었을 것 같다고 하며 장애가 문제가 아닐 수도 있겠다고 생각이 들었고 그렇게 생각하니까 장애 때문에 부정적인 영향을 받는다는 생각이 줄어들고 마음이 편해진다고 하였다.

자녀의 장애가 가족에게 미치는 영향 2

자녀의 장애가 가족에게 미치는 영향 3

　자녀의 장애로 인한 긍정적인 영향을 살펴보며 배우자가 자녀에게 장애가 있어서 책임감이 더 강해졌다고 말했다고 하였다. 내담자 자신도 자녀를 잘 키워야겠다는 의지를 가지게 된다고 하였다. 내담자는 공부하는 것을 정말 싫어했는데 자녀의 장애 때문에 책을 사서 공부를 하고 있고, 자신의 자녀보다 더 어린아이의 어머니에게 조언을 해 주기도 하며 학구적인 모습으로 변했다고 하였다. 내담자는 길게 땋은 털실로 가족 전체를 감싸 주면서 자녀가 생겨서 현재의 배우자와 부부가 되었고, 두 사람을 이어 준 자녀에게 고맙다는 생각을 더 많이 하게 되었다고 한다.

목도리와 가족

사례 3.
지적장애, 초등학교 5학년 남학생의 어머니

내담자는 배우자와 첫째 아들인 장애자녀와 둘째 아들인 비장애형제가 있는 4인 가족이다. 내담자는 장애자녀를 교육하고 있어 장애자녀와 가장 가깝게 붙어 있고, 비장애자녀는 멀리 떨어져 있으면서 자신을 향해 애교를 부리고 있다고 하였다. 배우자는 가족의 중심이라 중앙에 배치했다고 하였다.

가족의 모습 배치

자녀의 장애로 인한 영향을 털실로 나타내도록 했더니 장애자녀에게 털실의 시작부분을 감은 후 자신과 연결하여 감고 배우자를 거쳐서 비장애자녀에게 끝부분을 감았다.

자녀의 장애가 가족에게 미치는 영향 1

인형을 움직여 보면서 장애자녀를 움직이자 자신이 따라 움직이고 마지막에 비장애자녀가 넘어지는 모습을 관찰하였다. 내담자는 자녀의 장애로 인해 가장 부정적인 영향을 받은 희생양은 비장애자녀라고 하였다. 내담자가 장애자녀를 교육하는 과정에서 비장애자녀를 '많이 흘렸다.'는 표현을 하였다. 비장애 자녀는 3세부터 언어표현이 유창하였고, 자신이 스스로 하겠다고 하여 혼자서도 잘하는 자녀이고, 외부 에서도 어른스럽고 알아서 잘하는 자녀라고 부러워했다고 하였다. 장애자녀로 인한 절망감에 대한 보상 으로 비장애자녀에 대한 기대가 컸다고 하였다. 배우자도 장애가 있는 형을 위해 비장애자녀가 보호자가 될 수 있어야 한다고 강요한 부분이 있다고 하였다. 내담자가 생각할 때 비장애자녀는 장애자녀의 교육 을 하느라 부모가 함께 있어 줄 시간이 없었고, 부모의 기대가 커서 장애자녀는 잘 못해도 야단을 맞지 않는 부분에도 비장애자녀는 야단을 맞게 되어 억울하다는 생각이 많이 들었을 것이라고 하였다. 비장애 자녀가 학교생활에 교우관계가 좋지 않고, 자기존중감이 낮아 담임선생님이 우려를 많이 하고 있다고 하 였다. 내담자는 자신이 가장 힘들다고 생각했는데 비장애자녀를 생각하니 자신이 할 일이 많다는 생각이 든다고 하였다.

자녀의 장애가 가족에게 미치는 영향 2

내담자는 장애자녀에게서 손을 뗄 수가 없기 때문에 배우자가 도움을 줄 수 있도록 가족 체계를 만들어 가는 방법을 탐색하였다. 배우자와 비장애자녀의 관계를 개선하는 방법으로 하루에 한 가지씩 비장애자녀의 행동을 구체적으로 칭찬하는 것을 선택하였고, 배우자가 칭찬할 행동을 찾지 못할 때는 자신이 배우자에게 칭찬거리를 이야기해 주겠다고 하였다.

내담자는 털실을 길게 땋아 배우자와 함께 잡고 울타리가 되어 주는 모습으로 가족들을 모두 울타리 안에 넣었고, 자신과 장애자녀를 가까이 두고, 비장애자녀와 배우자를 가까이 배치하였다. 내담자는 울타리가 있어서 안전하고 화목해 보인다고 하였다.

울타리와 가족

▌Tip

1. 가족 역동과 특성을 투사적으로 살펴보기 위해 동물도안을 선택하거나 동물인형
으로 표현할 수 있다.
2. 준비된 인형이 없을 경우에는 요구르트병에 동그란 모양의 스티로폼을 붙여 얼굴
을 만들고 색종이로 망토처럼 옷을 입혀서 인형을 만들어 사용할 수 있다.

2 감정의 롤러코스터

짚고 가기

자녀가 장애를 가졌다는 것을 알게 되는 것은 부모에게 충격적인 사건이다. 장애아동 부모는 처음에는 충격과 불안, 불신 등 정서적인 위기를 맞게 된다. 그리고 분노, 죄책감, 우울, 수치심, 낮은 자존감을 느끼며 장애자녀를 거부하거나 과보호하는 등의 정서적인 혼란기를 거치면서 마치 롤러코스터를 타는 것처럼 다양한 감정과 갈등에 휩싸이게 된다. 그리고 점차 자녀의 장애를 수용하게 되는 단계에 도달하게 된다. 이러한 적응의 과정은 순차적으로 진행되는 것은 아니다. 장애자녀의 성장과 함께 새로운 위기를 맞으며 반복적으로 나타나기도 하고 어느 한 단계에 머물러 있기도 한다. 장애아동 부모의 적응과정은 자신의 감정을 다스리고자 노력하는 과정이기도 하다.

장애아동 부모가 자녀의 장애로 인해 느끼는 다양한 감정에 대해 인식하고 긍정적인 감정을 찾아내는 과정은 장애자녀를 양육하는 데 필요한 에너지원이 될 수 있다. 장애로 인해 느끼는 부정적인 감정들은 장애자녀를 양육하는데 스트레스로 작용하고 에너지를 소진시킨다. 부정적인 감정을 해소하고 심리적인 안정을 유지할 수 있는 자신의 방법을 개발하고 활용하는 것이 필요하다.

가족 전체가 장애로 인해 느끼는 감정을 조망하는 과정은 가족에 대한 이해를 높인다. 장애자녀에게 형제가 있는 경우 각 자녀에게 느끼는 감정, 사고, 행동을 비교해 보며 부모 자신이 장애자녀와 비장애자녀에게 각기 다른 역할을 하는 부모라는 것을 인식하고, 가족 각각의 감정을 조망하는 것은 장애로 인한 가족구성원의 심리적 어려움을 이해하는 데 도움이 된다.

함께 가기에서는 자녀로 인해 느끼는 여러 가지 감정들을 감정단어로 찾아보며 어떤 감정을 많이 느끼는지 살펴볼 수 있다. 긍정적인 감정을 매니큐어로 표현하여 긍정적인 감정을 강화하고 심리적 안정감을 가질 수 있다. 부정적인 감정을 느끼는 상황에서 자신의 생각과 행동을 탐색하여 부정적 감정이 자녀와 자신에게 미치는 영향을 인식하도록 도울 수 있다. 감정카드를 붙이고 살충제를 뿌려 스크래퍼로 긁어내는 과정을 통해 부정적인 감정을 표현하고 해소하는 경험을 할 수 있다. 그리고 부정적인 감정을 극복하기 위한 행동적인 대처방법을 찾아볼 수 있다. 가족사진을 즉석카메라로 찍은 후 보이지 않는 가족 구성원의 마음을 상징으로 표현하고 조망하는 과정을 통해 가족에 대한 이해를 높일 수 있다.

1 가슴에 담은 긍정

▌목표
1. 자녀의 장애로 인해 느끼는 여러 가지 감정들을 표현하고 수용할 수 있다.
2. 자녀로 인해 느끼는 긍정적인 감정을 강화하여 심리적으로 안정감을 가질 수 있다.

▌준비물
나무조각(목걸이 재료), 끈, 매니큐어

▌활동방법
1. 장애자녀를 떠올리면 느껴지는 감정단어들을 찾는다. 감정을 찾는 것을 어려워할 경우 감정단어 목록을 제시하여 찾도록 한다.
2. 선택한 감정을 느끼게 되는 상황에 대해 이야기 나눈다.
3. 선택한 감정의 수가 많은지 적은지, 선택한 감정이 긍정적 감정과 부정적 감정 중 어느 영역이 많이 표현되는지 살펴본다.
4. 장애자녀를 떠올리면 느껴지는 자신의 감정 유형(예: 기쁨, 즐거움, 노여움, 슬픔 등)의 이유를 탐색한다.
5. 긍정적인 감정을 나타낸다고 생각되는 색의 매니큐어를 사용하여 나무조각을 꾸민다.
6. 나무조각을 끈으로 끼워 목걸이로 만들어 목에 걸고 긍정적인 감정을 더 많이 느끼기 위해 자신이 해야 할 행동은 무엇인지 이야기 나눈다.
7. 활동 후 느낀 점에 대해서 이야기 나눈다.

사례 1.

　내담자는 장애자녀를 떠올리면 느껴지는 감정으로 장애자녀가 크게 다치지 않고 자라고 있어서 감사하고, 학교에서 돌아올 시간이 되면 보고 싶고 기다려진다고 하였다. 장애자녀는 어린아이들을 보면 예뻐하고 과자를 나누어 주는 따뜻한 아이여서 자신도 따뜻함을 느낀다고 하였다. 그러나 장애자녀를 생각하면 늘 불안하고 걱정스럽고, 장래를 생각하면 고민이 된다고 하였다.

　기쁨, 사랑, 분노, 슬픔, 고통, 공포, 기타의 영역 등 내담자는 전 영역에서 감정을 느끼고 있고 기쁨, 사랑의 영역을 상대적으로 많이 느끼는 것으로 나타났다. 감정의 강도에서는 고민되고, 불안한 감정이 강하였다. 작업을 하며 자신이 장애자녀는 불쌍한 아이고 많이 사랑해 주어야 한다는 생각을 가지고 있는 것 같아 놀랐다고 하였다. 또한 감정을 표현하기보다 화가 나는 감정을 눌러야 한다는 생각을 많이 했던 것 같다고 하였다.

　따뜻하다는 분홍색, 편안하다는 하늘색, 뭉클하다는 연두색, 사랑하다는 금색, 보고 싶다는 노란색, 기쁘다는 반짝이는 하늘색이라고 하며 색칠을 하였고, 긍정적인 것은 부정적인 것이 있기 때문에 알 수 있는 것이라고 하며 짙은 남색을 선택하여 고민이라고 하며 색칠을 하였다. 내담자는 긍정적인 감정을 모아 놓고 자신이 힘들 때 꺼내서 보면 위로가 될 것 같다고 하였다. 어릴 때 자신이 아프면 두드려 주던 할머니 손처럼 '토닥토닥' 마음을 두드려 주는 것 같다고 하였다.

　내담자는 "감정은 표현하지 않고 사고를 하는 게 문제네요, 제가."라고 하며 자녀에게 감정을 가르칠 때처럼 자신의 감정에 이름을 붙여서 말해 보겠다고 하였다. 긍정적인 감정을 더 많이 느끼기 위한 방법으로 하루 동안 있었던 일 중에 즐겁고 감사했던 일을 잠들기 전에 배우자나 자녀와 이야기해 보도록 하였다.

목걸이: 토닥 토닥

사례 2.

내담자가 자녀의 장애로 인해 느끼는 감정은 기쁨이라고 하였고, 사랑의 긍정적인 영역에서 '자랑스럽다, 감사하다, 뭉클하다, 뿌듯하다, 사랑하다, 좋아하다, 그립다, 보고 싶다, 만족하다, 흐뭇하다.'라고 하였다. 슬픔, 분노, 고통, 공포의 부정적인 영역에서는 '슬프다, 외롭다, 불쌍하다, 화나다, 짜증나다, 답답하다, 신경질 나다, 아깝다, 고민하다, 속상하다, 피곤하다, 불안하다, 두렵다, 걱정스럽다, 아쉽다.'를 선택하였다.

내담자가 선택한 감정을 느끼는 상황을 살펴보면서 '○○이가 양말을 혼자 신을 때 음악에 맞추어 가끔씩 흥얼거릴 때 기쁘다. ○○이가 나에게 와 주어 감사하고 누워 있는 아이나 희귀병으로 하루 종일 병원에 있는 아이에 비하면 이만큼이나 해서 감사하다. 아이가 변화가 있을 때 뭉클하다. 그래도 내 딸이라서 사랑하고 좋아한다. 한 번씩 말썽 부릴 때 밉다가도 안 보이면 보고 싶고 걱정스럽다. 간식을 가져올 때 ○○이 것과 내 것을 챙겨 오면 즐겁다.'는 이야기를 하였다.

그러나 자녀의 앞날을 생각할 때 심란하고 '내가 아프면 누가 돌봐 줄까, 내가 없으면 구박을 받으며 찬밥이 되지 않을까'라는 고민을 한다고 하였다. 내담자는 자녀의 미래에 대한 불안, 공포가 많다는 생각을 많이 했는데 표현을 하고 보니 긍정적으로 느끼는 부분이 많다는 것을 알게 되었다고 하였다. 그리고 자녀에 대해서 희망적이고 장점이 많은 아이라는 긍정적인 면들을 구체적으로 확인할 수 있었다고 하였다.

기쁨의 감정은 노란색 태양으로, 사랑은 반짝이로 표현하였고, 자녀가 포도, 딸기를 말하여 뭉클했던 때를 생각하며 포도와 딸기를 그렸다. 즐거움은 하늘색, 감사한 마음은 연두색으로 색칠하였다. 자신의 마음이 날씨처럼 맑았다가 흐렸다가, 또 태풍이 불기도 하는데 맑은 날씨가 계속되면 좋겠다고 하며 '좋은 날'이라고 제목을 붙였다.

긍정적인 감정을 더 많이 느끼기 위해 자녀의 사소한 변화를 잘 관찰하고 배우자에게 이야기해 주며 함께 기뻐하겠다고 하였다. 최근에 관찰한 사소한 변화를 찾아보도록 하자 자녀가 높은 곳에 올라가는 것을 무서워해서 무릎 높이 정도의 평균대에 올라가는 것에도 겁을 내며 내담자의 허리를 잡고 매달려 있었는데 지난 주에는 한 손만 잡아 주어도 평균대 위에 서 있었다고 하였다. 자녀가 자신에게 작은 일에 감사하는 마음을 길러 주는 것 같다고 하였다.

목걸이: 좋은 날

▌Tip

1. 나무조각은 다양한 크기와 모양이 있으며 인터넷에서 '나무 목걸이 재료'를 검색하여 구입하거나 문구점에서 구입할 수 있다.

2. 비장애자녀가 있는 경우 장애자녀와 비장애자녀를 각각 대상으로 하여 감정단어 목록을 작성한 후, 각각 어느 감정 영역이 많은지 살펴본다. 두 감정단어 목록을 비교하여 공통점과 차이점을 살펴보고 그 이유를 탐색하여 부모가 가지는 감정이 자녀를 대하는 태도와 행동에 주는 영향에 대해 생각해 볼 수 있다.

3. 감정단어 목록

기쁨	노여움	슬픔	즐거움	사랑	미움	기타
감격스러운	가혹한	걱정되는	경쾌한	포근한	귀찮은	긴장한
감동적인	괘씸한	비참한	명랑한	사랑스러운	원망스러운	어색한
고마운	불만스러운	절망적인	산뜻한	다정한	지겨운	모호한
날아갈 듯한	속상한	두려운	즐거운	호감 가는	차가운	과민한
뭉클한	약 오르는 분한	외로운	흐뭇한	흡족한	쌀쌀한	미안한
벅찬	상하는	울적한	홀가분한	감사하는	부담스러운	당황스러운
만족스러운	끓어오르는	슬픈	밝은	상냥한	무정한	소망하는
기쁜	나쁜	부끄러운	평안한	친숙한	언짢은	간절한
반가운	섬뜩한	불안한	희망찬	그리운	억울한	태연한
신나는	괴로운	실망한	가벼운	애틋한	서운한	짜릿한

2 부정적 감정 킬러

█ 목표

1. 감정이 행동과 사고에 밀접한 관련이 있음을 이해할 수 있다.
2. 부정적 감정을 극복하기 위해 선택할 수 있는 행동을 알 수 있다.

█ 준비물

살충제(예: ○○킬러), 접착제, 스크래퍼, 색종이, 윈도 마커, 유성매직

█ 활동방법

1. 장애자녀를 떠올리면 느껴지는 감정 중 부정적인 감정은 어떤 것이 있는지 탐색한다.
2. 색종이를 선택하고 유성매직으로 부정적인 감정을 선, 기호, 그림 등으로 표현하여 감정카드를 만든다.
3. 부정적인 감정카드를 접착제로 유리창에 붙이고 잘 말린다.
4. 부정적인 감정을 느끼는 상황에서 자신은 어떤 생각과 행동을 하는지 탐색한다.
5. 접착제로 붙인 것처럼 부정적인 감정이 자신에게 달라 붙어 있으면 어떻게 될지 예측한다.
6. 말라 붙어 버린 부정적 감정을 처리하기 위해 부정적인 감정카드에 살충제(○○킬

리)를 듬뿍 뿌리고 5분 정도 기다린 후 스크래퍼로 긁어낸다.

7. 부정적인 감정을 경험할 때 선택할 수 있는 대안으로 행동적인 대처방법을 찾아서 윈도 마커로 유리창에 적거나 그린다(예: 우울감이 깊고 자꾸 화가 날 때 운동장을 몇 바퀴 달리고 땀을 흘린다.).

8. 활동 후 느낀 점에 대해서 이야기 나눈다.

사례 1. 자폐스펙트럼장애, 중학교 3학년 여학생의 어머니

내담자는 장애자녀를 떠올리면 여러가지 부정적인 감정을 느끼게 되는데 그중에서도 '두렵다. 불쌍하다. 갑갑하다. 힘들다. 지치고 피곤하다. 불안하다.' 는 부정적인 감정을 많이 느낀다고 하였다.

감정카드

내담자가 부정적인 감정을 느끼는 상황을 살펴보면 두렵다는 감정은 자녀가 어떤 길로 가야 할지 내담자가 결정을 해야 하는데 결과를 알 수가 없을 때 느낀다고 하였다. 불쌍하다는 감정은 자녀가 장애를 가지고 평생 살아갈 것을 생각하면 드는 느낌이라고 하였다. 자녀는 지금도 낯선 곳에 가면 두리번거리고 뒤로 빠지고 불안해하기 때문에 자녀를 위해서라고 생각하여 억지로 낯선 곳에 데려간다고 하였다. 또 싫어하는 음식을 먹이기도 하고, 살찌지 않게 하려고 운동을 많이 시키고 있는데 자녀는 정작 행복할까라는 생각을 해 보면 아닐 것 같아서 불쌍하다고 하였다. '갑갑하다.' 는 감정은 자녀가 글을 읽기는 하지만 무슨 뜻인지 이해하지 못하는 걸 보면 갑갑해서 자녀의 등짝을 때릴 때가 있다고 하였다. 학교에 갈 때면 같은 반 학생들이 내담자의 자녀가 자신들을 치고 지나간다고 내담자에게 불평을 하는데 자녀가 옆에 있는 사람을 전혀 의식하지 않고 걸어서 부딪히는 것이라고 설명해 주면 학생들이 이해를 해 준다고 하였

다. 이렇게 다른 사람들에게 자녀의 장애에 대한 것을 일일이 이야기해서 이해시켜야 할 때 힘들다고 하였다. 한숨이 나올 때도 있지만 화가 날 때가 더 많고 화장실에 가서 혼자 울기도 한다고 하였다. 자녀가 3살 때부터 자녀를 데리고 학교와 치료실을 오가며 너무 오래 쉬지 못했는데 아직도 가르칠 것이 남아 있고 언제 끝이 날지 모른다는 생각이 들면 지치고 피곤하다고 하였다. 아무것도 하고 싶지 않은데 그럴 수가 없어 속으로 욕하면서 하게 된다고 하였다. 불안하다는 감정은 자녀를 보면 늘 불안하고, 여자아이라서 어디 가서 나쁜 일을 당하지는 않을지 걱정되어 혼자 다니게 하지를 못하겠다고 하였다. 자녀와 버스를 같이 타고 다닐 때 광고판을 보느라 정신이 팔려서 버스에서 내려야 할 정류장 안내방송이 나와도 듣지 못하고, 내담자가 이름을 불러도 대답이 없고, 어깨를 두드려도 쳐다보지 않아서 손을 잡고 끌고 내려야 한다고 하였다. 그래서 혼자 버스나 지하철을 타고 가다가 길을 잃을까 봐 불안해서 자녀가 가는 곳은 어디든 같이 가야 하고 쉴 틈이 없다고 하였다.

유리창에 붙인 감정카드

부정적인 감정카드를 유리창에 붙여 놓고 보니 창밖의 꽃을 다 가려서 좋은 것을 가리는 느낌이라고 하였다. 부정적인 감정을 그대로 두면 자신이 지쳐서 자녀를 더 이상 돌보지 못하게 될지도 모른다고 하며 더 불안하다고 하였다.

부정적인 감정카드에 살충제를 뿌리면서 살충제 한 통은 다 써야 부정적인 감정을 없앨 수 있을 것 같다고 하며 자신이 부정적 감정을 늘 안고 살면서 힘들었던 것을 새삼스럽게 느낀다고 하였다. 스크레퍼로 긁어내어 깨끗해진 유리창을 보니 자신의 마음도 말끔히 긁어내고 싶다고 하였다.

살충제 뿌리기

스크래퍼로 긁어내기

내담자는 부정적인 감정을 느낄 때 대처방법으로 이어폰을 끼고 이문세 노래를 듣거나, 캄캄한 밤에 혼자 TV를 본다고 하였다. 부정적인 감정을 그대로 두었을 때 자신이 무기력해지고 우울해져서 자녀를 돌보지 못하게 될 것을 상상하니 너무 두렵다고 하며 자녀를 위해서라도 자신의 마음을 잘 돌봐야 되겠다고 하였다.

부정적인 감정 대처방법 쓰기

부정적인 감정 대처방법

사례 2.
발달장애, 초등학교 3학년 남학생의 어머니

내담자는 장애자녀를 떠올리면 '심란하다, 힘들다, 두근거린다, 속상하다'는 부정적인 감정을 가장 많이 느낀다고 하였다.

감정카드

내담자가 부정적인 감정을 느끼는 상황에서 어떤 생각과 행동을 하는지 살펴보았다. 심란하다는 감정은 잠든 자녀를 바라볼 때 자녀가 커서 어떻게 살아갈지 미래를 생각하면 심란하고 가슴이 답답해서 찬물을 마신다고 하였다. 힘들다는 감정은 자녀가 특수반에 있다고 다른 아이들이 놀렸다는 말을 같은 반 학부모에게 전화로 전해 들을 때 느끼는데, 사람들이 자녀를 어떻게 생각할지 걱정이 되고, 이상하다고 생각해서 피하는 것같이 느껴질 때 힘들다고 하였다. 이런 이야기를 들으면 괜히 자녀에게 짜증을 더 내게 될 때도 있다고 하였다. 두근거린다는 감정은 자녀가 갑자기 차도로 뛰어들 때가 있어서 길을 걷고 있을 때는 사고가 나지 않을까 두근거린다고 하였고, 자녀가 차도로 뛰어들면 자녀에게 심하게 화를 낸다고 하였다. 속상하다는 감정은 공부를 가르치다가 자녀가 아프지 않았으면 정말 똑똑했을 거라는 생각이 들 때 너무 속상하다고 하였다.

　　내담자가 느끼는 부정적인 감정을 그대로 두면 자녀에게 짜증과 화를 더 많이 내고 야단치는 일이 많아질 것 같다고 하였다. 부정적인 피드백을 많이 받은 아이들이 자존감도 낮고 또래관계에서도 자기가 받은 부정적인 표현을 많이 해서 사회성이 떨어진다고 하는데 자녀가 부정적인 영향을 받을 것 같아 더 걱정이 된다고 하였다.

　　내담자는 말라붙은 부정적인 감정카드에 살충제를 뿌린 후 스크래퍼로 긁어내면서 손에 힘을 주어 살짝 밀어 주면 떨어진다고 하며 생각보다 쉽게 떨어져서 신기하다고 하였다. 깨끗해진 유리창을 보며 비가 온 뒤에 맑게 갠 하늘을 보는 것처럼 기분이 맑아지는 것 같다고 하였다.

살충제 뿌리기

스크래퍼로 긁어내기

　　내담자는 부정적인 정서를 느낄 때의 대처방법으로 '산에 가서 크게 "야호"하고 소리 지른다, 힘차게 걸으며 노래 부른다, 좋아하는 사람과 왕수다를 떤다, 맛있는 차(커피)를 마신다, 푹신한 베개를 끌어안고 햇살을 등지고 낮잠을 잔다.'를 찾아 유리창에 그리고 적었다. 부정적인 감정이 밀려올 때 이렇게 몸을 움직이면 우울한 기분을 떨쳐 낼 수 있을 것 같다고 하였다.

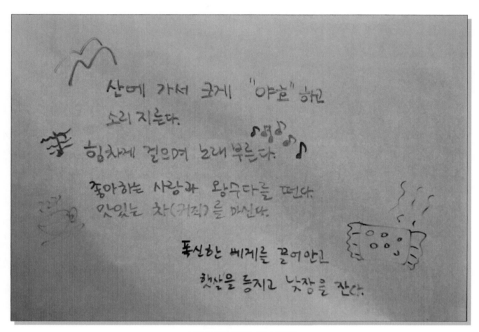

부정적인 감정 대처방법

▌Tip

1. 유리창에 붙은 부정적인 감정카드에 살충제를 뿌리고 긁어낼 때 창틀에 신문지 등을 받쳐 놓으면 청소를 용이하게 할 수 있다.

2. 접착제를 바르는 대신 스티커 색종이를 사용할 수 있다.

마음으로 찍은 사진*

3

▋목표
1. 가족구성원의 마음을 인식하고 수용할 수 있다.
2. 가족구성원의 마음을 조망하여 가족에 대한 이해를 높일 수 있다.

▋준비물
「마음을 찍는 사진기」 동화 일부, 가족사진, 폴라로이드 카메라, 윈도 마커

▋활동방법
1. 「마음을 찍는 사진기」 동화의 일부를 감상한다.
2. 마음을 찍는 사진기로 자신의 마음을 찍으면 어떤 사진이 나올지 생각한다.
3. 폴라로이드 카메라로 자신의 모습을 찍은 후, 윈도 마커로 사진의 뒷면에 자신의 마음을 그린다.
4. 마음을 찍는 사진기로 배우자, 장애자녀, 기타 가족의 마음을 찍으면 어떤 사진이 나올지 생각한다.
5. 준비한 가족사진을 폴라로이드 카메라로 찍은 후 사진의 뒷면에 가족의 마음을 그림으로 그린다.
6. 가족의 마음을 찍은 사진을 한곳에 모아 놓고 가족의 마음을 조망해 본 느낌에 대해 이야기 나눈다.

---

*참고: 카운피아(현장에서 활용하는 미술치료 기법-마음을 찍는 사진기)

사례 1.
지적장애, 초등학교 6학년 남학생의 어머니

동화를 읽고 난 후에 내담자는 가족의 사진을 보면 사진을 찍을 때는 늘 웃는 모습만 찍게 되는 것 같은데, 그 웃음 뒤에 숨겨진 마음을 들여다보는 것 같아 조금 떨린다고 하였다.

내담자의 마음

자신의 마음을 찍으면 장애자녀를 교육해야 한다는 마음이 가득 들어 있고, 배우자와 비장애자녀가 한 귀퉁이에 있다고 하였다. 장애자녀는 배워야 할 것이 많고 자신이 옆에서 하나하나 차근차근 잡고 가르치지 않으면 하지 않으려고 해서 자신이 꼭 필요하다고 하였다. 먼 곳에 있는 치료실을 데려갈 사람이 없어 자신이 데리고 가니까 학교에 가 있는 시간 외에 거의 대부분의 시간을 장애자녀와 함께 지낸다고 하였다. 내담자는 낮에는 연예인 로드 매니저고, 집에 가면 무서운 선생님이 된다고 하며 웃어 보였다. 비장애자녀는 애교 많은 막내이고 배우자는 컴퓨터처럼 정확하고 논리적인 사람이라 노트북이라고 하였다.

배우자의 마음

배우자의 마음을 찍으면 험한 세상 강해야 살아남는다는 생각으로 자기 스스로 강해지려고 하는 의지가 가장 크게 보일 것 같다고 하였다. 또 자녀에 대해서는 장애자녀는 불쌍하고 안타깝고 작은 것 하나라도 잘하면 너무 기특하고, 비장애자녀는 야단을 쳐야 말을 듣는다고 생각되어 답답하다는 마음이 있을 것이라고 하였다. 배우자는 비장애자녀에게는 장애자녀에 대한 심리적 보상으로 지나친 엄격함을 보이고 있는 것 같은데 정말 자신이 강해야 하고 자녀들도 강해야 한다는 생각만 한다면 두려울 것 같다고 하였다.

비장애자녀의 마음

비장애자녀의 마음을 찍으면 형에게 비교되어 억울하고 관심받고 싶은 마음이 가득 들어 있을 것이라고 하였다. 내담자도 사랑받고 싶은 마음이 많은데 비장애자녀가 자신과 닮았다고 하였다. 비장애자녀는 늘 웃고, 애교가 많은데다 이야기를 재미있게 해서 주변 사람들이 함께 있으면 즐거워하고 친구도 많다고 하였다. 사람들과 잘 어울리는 것을 보면 장애자녀가 못하는 것을 비장애자녀가 해 주고 있는 것 같아서 고마울 때도 있다고 하였다. 장애자녀인 형은 잘못을 해도 넘어가 주는데 비장애자녀는 같은 잘못을 해도 야단을 맞아서 억울하다는 말을 한다고 하였다. 막내라고 귀여움 받고 자라는 것이 아니라 장남처럼 키우고 있다고 하였다.

장애자녀의 마음

장애자녀의 마음을 찍으면 '아빠는 좋고, 엄마는 싫다. 게임은 재미 있고, 공부는 어렵다. 친구는 좋은데 나를 좋아하지 않는다.'는 형식의 양분된 반응이 있을 것이라고 하였다. 세상이 마음대로 되지 않아서 속상할 것 같다고 하였다. 하지만 자녀가 잘 웃고 자기만의 즐거움이 있는 것 같아 안심이 된다고 하였다. 최근에는 수영대회에 나가서 입상을 해서 자신감도 많이 생긴 것 같다고 하였다. 자녀에게 O, X 중에 O가 더 많아지면 행복할 것 같다고 하였다.

가족의 마음을 다 알고 있다고 생각했지만 그림으로 표현하여 다시 살펴보니 가족들이 어떤 생각으로 서로를 바라보고 있을지 생각해 볼 수 있어 더 잘 이해가 된다고 하였다. 배우자가 강한 모습만 보이려고 하고 비장애자녀는 그런 아빠가 너무 무서울 것 같다고 하였다. 배우자가 약한 모습을 보이지 않으려고 애쓰는 것이 안쓰럽게 느껴진다고 하였다. 그리고 배우자가 직장동료에게 자녀의 장애에 대해 말하는 것을 꺼려해서 아무도 모르고 있다고 하며 약점처럼 생각되는 것은 말하지 않는 경향이 있어서 힘든 일이 있을 때 누구에게 위로를 받을 수 있을지 걱정이 된다고 하였다. 그리고 장애자녀에 대한 마음이 큰 자신을 보면서 비장애자녀가 섭섭할 것 같다는 생각이 들고 미안한 마음도 생겼다고 하였다. 내담자의 마음속에 있는 비장애자녀에 대한 마음을 좀 더 보여 주어야겠다고 하였다. 가족들은 서로의 마음을 찍으면 무엇이 나올 거라고 생각하는지 궁금하다고 하며 비장애자녀와 함께 마음으로 찍은 사진 작업을 해 보고 싶다고 하였다.

사례 2.

발달장애, 7세 여아의 어머니

내담자는 장애자녀를 보며 정말 무슨 생각을 하는지 궁금할 때가 많다고 하며 폴라로이드 카메라를 들고 가족의 사진을 하나하나 찍어 나갔다.

자신의 마음을 찍으면 자녀에 대한 생각이 가장 크게 자리 잡고 있고, 배우자에 대한 고마운 마음이 있고, 언젠가는 자신의 일을 가지고 싶다는 생각이 찍힐 것 같다고 하였다. 자녀가 밤에 잠을 안 자며 힘들게 하고, 밥을 안 먹어서 속을 썩이고 치료실에서 울어서 걱정시키고, 사소한 것에 떼를 부려서 속상하게 하고 또 발달이 늦어서 많이 불안하게 하지만, 해맑게 웃어 보이면 힘든 것이 사라지는 것 같다고 하며 자녀가 늘 웃고 행복하면 좋겠다는 마음이 크다고 하였다. 자신의 마음속에 가족이 차지하는 비중이 매우 높은데 내담자는 가족에게 사랑을 표현해야겠다고 하면서도 생각만으로 그치고 있는 것 같다고 하였다.

내담자의 마음

배우자의 마음을 사진으로 찍으면 더 열심히 살아야겠다는 마음의 부담이 있고, 자녀를 위해서 경제적인 뒷받침이 되어야 한다는 책임감과 미래에 대한 염려, 그리고 드러내지는 않지만 쉬고 싶다는 마음이 있을 것 같다고 하였다. 배우자가 가장 많이 이야기하는 "돈 많이 벌어 올게. 힘내라."라는 말이 마음에 가득 들어 있을 것 같아서 돈다발을 그렸다고 하였다. 배우자는 직장과 가정 밖에 모르는 사람이고, 내담자가 장애자녀 때문에 불안해하고 걱정하면 바쁘더라도 이야기를 잘 들어 주어 다정함도 있을 것이라고 하였다.

배우자 마음

장애자녀의 마음을 찍으면 자녀가 좋아하는 햄버거가 들어 있고 그래서 행복할 것 같다고 하였다. 자신이 야단을 치지 않으면 자녀는 늘 웃는 모습이라고 하였다. 장애아이의 뇌가 책장이라면 수많은 책이 꽂힌 책장에서 책 한 권이 없는 것과 같은 거라고 책에서 보았다고 하며 빠진 부분이 있어서 잘 못하는 것도 많고, 배우는 데 시간이 많이 걸리지만 한편으로는 햄버거 하나에 행복할 수 있는 행복한 아이 같다는 생각이 든다고 하였다.

장애자녀의 마음

배우자가 가정에 돌아오면 하루 종일 자녀를 돌본 자신을 도와주기 위해 배우자가 자녀를 돌보고, 교육기관의 숙제 중 일부를 맡아서 지도하고 있다고 하였다. 이때가 자신은 쉴 때이지만, 배우자는 언제 쉴 수 있는지 생각해 보니 쉬는 시간이 많지 않은 것 같다고 하였다. 내담자는 '가족이라면 무엇이든 같이 해야 하는 거야.'라고 생각하면서 배우자를 억지로 끼워 넣어 함께하려고 했고 배우자 없이는 등산이나 야외활동을 하지 않았던 자신을 발견하게 되었다고 하였다. 내담자와 자녀가 둘만의 시간을 가지거나 체험을 가면 배우자의 짐을 덜어 줄 수 있겠다는 생각이 들었다고 하였다. 자신은 장애자녀와 24시간 함께 있는 자신이 제일 힘들다고 생각하고 배우자가 자신을 배려해 주기를 바라는 마음이 컸다고 하였다. 상대방의 입장이 되어서 어떤 마음일지 생각해 보니 배우자가 자신과 자녀를 책임지느라 어깨가 무거울 것 같고, 배우자와 자신이 장애를 가진 자녀를 잘 돌보아야겠다는 마음이 같아서 더 똘똘 뭉치게 되는 것 같다고 하였다. 내담자는 배우자에게도 여유를 가지도록 배려하는 마음을 가지게 되었음을 발견하였다. 그리고 동반자로서 자신도 힘이 되어 주고 싶다고 하였다.

▌Tip

〈「마음을 찍는 사진기」 동화〉

어느 마을의 시장에
사람의 마음을 찍는 사진기가 있었습니다.

어떤 유명한 정치가를 찍었더니,
돈 다발이 찍혔습니다.
돈 많은 사장님을 찍었더니,
술과 여자가 찍혀 나왔습니다.
어떤 남자는 늑대가 찍혀 나오고,
어떤 여자는 여우가 찍혀 나왔습니다.

그러던 어느 날 이 시장에
얼굴이 험상궂게 생긴 사나이가 나타났습니다.
사람들은 생각했습니다.
"틀림없이 무시무시한 흉기가 찍혀 나올 거야!"
사나이가 카메라 앞을 지나갔습니다.

'방긋 웃는 아이의 얼굴'이 찍혔을 뿐,
사나이는 단지 미역 한 꾸러미만을 들고
시장을 벗어나고 있었습니다.

정채봉의 '어른을 위한 동화2 『내 가슴 속 램프』'의 「마음을 찍는 사진기」 중에서

3 좌절감의 재구조화

짚고 가기

부모라면 누구나 자녀를 키우는 과정에서 어려움과 좌절감을 경험한다. 그러나 부모 자신이 좌절하고 힘들어하면 자신은 물론 자녀를 제대로 돌보지 못하는 상태에 빠지게 된다. 장애아동은 일상적으로 타인에 의한 돌봄과 지원이 필요하기 때문에 가족이 경험하는 어려움은 매우 크다. 장애아동의 부모가 자녀의 장애로 인해 느끼는 좌절감은 파괴적인 힘이 있다. 장애아동의 부모는 좌절감으로 인해 우울증을 호소하는 경우가 많고, 우울이 깊어지면 장애아동에게 적절한 양육이나 치료를 하지 않고 방치하게 된다. 또한 좌절감으로 인해 장애아동을 학대하거나 심한 경우 가족동반 자살로까지 이어지기도 한다. 장애아동 부모는 좌절감으로 그 자리에 주저앉을 수도 있고, 극복하여 한 걸음 나아가게 할 수도 있다. 좌절감 뒤에는 억압되어 표현하지 못한 욕구들이 있다. 이 욕구를 발견하고 표현하다 보면 좌절감을 긍정적인 욕구로 바꾸어 구체적이고 행동 가능한 변화를 만들 수 있다. 좌절감으로 인한 자신의 아픔을 미술활동을 통해 표현하고 문제를 직면하는 과정을 거치면서 자신의 좌절감을 용서하고 화해하여 내적인 치유를 할 수 있다.

함께 가기에서는 좌절감을 표현한 작품을 사진으로 촬영하여 사진을 여러 형태로 변형시켜 보면서 좌절감을 바라보는 관점을 변화시키도록 시도할 수 있다. 새로운 관점으로 좌절감을 바라보는 과정을 거치면서 좌절감을 느끼게 하는 이면의 두려움을 발견할 수 있고, 그 두려움을 변화시키기 위한 구체적인 행동 변화를 계획하고 실천할 수 있다. 좌절감을 느끼는 상황에서의 신체반응을 탐색하면서 좌절감은 에너지가 있음을 인식할 수 있다. 화장지를 물에 적셔 매체의 특성을 변화시키면서 자신의 좌절감을 변형시키는 상징적인 과정을 경험하고, 에너지를 긍정적인 방향으로 활용하는 방안을 모색할 수 있다. 자녀의 나무를 만들어 자녀의 장애로 인해 좌절되었던 기대를 시각적으로 털어 낼 수 있다. 그런 과정을 통해 장애 자녀에게 현실적인 기대와 희망을 가질 수 있다.

1 좌절감 달리 보기

▌목표

1. 자녀의 장애로 인해 좌절했던 사건을 통해 자신 안에 숨겨진 두려움을 통찰할 수 있다.
2. 좌절감을 느낀 상황을 다른 관점으로 살펴보며 좌절감을 느낀 상황을 재구성할 수 있다.

▌준비물

스마트폰 카메라 애플리케이션, 잡지, 색도화지, 가위, 풀

▌활동방법

1. 자녀의 장애로 인해 좌절감을 느낀 상황을 탐색한 후 잡지를 이용하여 색도화지에 콜라주로 표현한다.
2. 완성된 콜라주에 대해 이야기 나눈다.
3. 콜라주 작품을 스마트폰 카메라 애플리케이션으로 찍은 후 편집 기능을 이용하여 다양하게 변형시킨다.
4. 변형된 작품을 출력하여 변형 전의 작품과 비교하며 좌절감을 느낀 상황을 다른 관점에서 살펴본다.

5. 좌절감을 느낀 상황에서 자신이 기대했던 것은 무엇인가 생각해 보고 기대가 좌절되면서 자신이 가진 두려움은 무엇인지 찾는다.

6. 두려움 때문에 자신이 한 행동은 무엇이었는지 이야기 나눈다.

7. 좌절감을 느낀 상황에서 자신이 원하는 것을 얻으려면 어떤 행동을 해야 하는지 탐색한다.

8. 활동 후 느낀 점에 대해서 이야기 나눈다.

사례 1.
자폐스펙트럼장애, 8세 유치원생 남아의 어머니

내담자는 자녀의 초등학교 입학유예를 결정하고 난 후 좌절감을 떨칠 수가 없어 힘든 시간을 보냈다고 하였다. 깊은 물 속에 들어가 있는 것 같았고, 물이 깊어서 귀가 먹먹하고 주변의 말이 잘 들리지 않고 온 몸에 힘이 없어 무기력한 느낌이었다고 하였다. 빛 바래고 힘이 없어 보이는 흐린 청보라색이 자신의 마음 같아 보인다고 하며 도화지를 선택하였다. 내담자는 잡지를 넘기면서 밝게 웃고 있는 아이들을 보면 한숨이 나온다고 하였다. 자녀의 장애로 인해 좌절감을 느꼈던 상황을 인물 사진들로 구성하였다.

 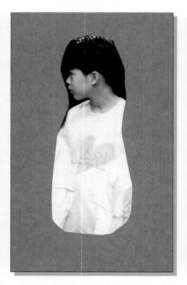 

초등학생들이 학교갈 때 책가방을 멘 모습을 보면 학교 입학을 유예한 자신의 자녀가 생각나서 한숨이 난다고 하였다.	이름을 불러도 자녀가 부른 사람을 쳐다보지 않고 다른 곳만 쳐다볼 때 좌절감을 느낀다고 하였다.	자녀가 여덟 살이 되어도 말을 잘하지 못하고 손짓 발짓으로 의사표현을 하면 자라지 않는 아기 같아 보인다고 하였다.

자녀가 한 가지에만 집착해서 다른 것을 주어도 그것만 고집하고 다른 것은 던져 버릴 때 좌절감을 느낀다고 하였다.

자녀가 자신을 괴롭히려고 하는 것 같고, 거부하는 것 같이 느껴진다고 하였다.

좌절감을 느낀 상황

콜라주를 완성한 후 내담자는 자녀로 인해 좌절감을 느끼는 이런 상황들을 외면하고 싶고 자신의 일이 아니었으면 좋겠다고 하였다. 작품 속에 고민하고 있는 자신의 모습이 자녀를 등지고 있지만 머릿속에는 온통 자녀 문제로 가득하다고 하였다.

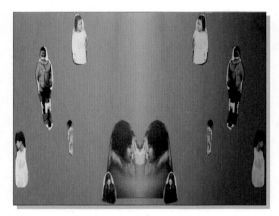

변형 1

내담자는 편집기능을 사용해서 변형시킨 사진을 보면서 늘 자녀가 문제라고 생각했는데 사진의 중심에 자신의 모습이 있어서 놀랍게 느껴진다고 하였다. 자신은 외면하고 싶어서 등을 돌리고 있었는데 머릿속에는 온통 자녀에 대한 생각과 좌절감뿐인 것처럼 보이고, 지금 자신의 머릿속을 너무 잘 보여 주는 것 같다고 하였다.

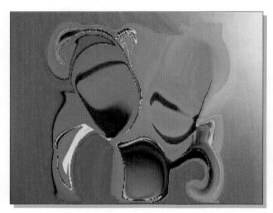

변형 2

내담자가 혼자서 울며 소리치고 있는 모습처럼 보이고 자신이 사진과 같이 괴물처럼 보일까 봐 섬뜩하다고 하였다. 처음에는 자녀가 우는 것처럼 보였는데 자세히 보니 자신의 모습인 것 같고, 자녀가 울 때 자신의 마음도 같이 울고 있다고 생각하니 스스로가 불쌍한 느낌이 든다고 하며 눈물을 보였다. 내담자는 한번 씩 울고 나면 좀 시원해지는 것 같다고 하였다.

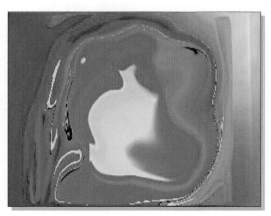

변형 3

감정이 다 섞여서 구멍이 난 것 같아 보인다고 하였다. 내담자가 좌절감을 느낄 때 마음이 무너져 내려 구멍이 뚫린 것 같은 느낌인데 그 마음이 그대로 표현된 것 같다고 하였다. 뻥 뚫려서 안 좋은 것은 다 빠져나가고 좋은 것만 남으면 좋겠다고 하였다. 내담자는 우울한 마음이 빠져나가고 활기찬 마음이 남으면 좋겠다고 하였다.

　내담자는 자녀가 이름을 부르면 '네' 하고 대답하는 것, 나이가 되면 다른 아이들처럼 학교에 가는 것을 바라며 장애가 없는 평범한 자녀이기를 기대한 것 같다고 하였다. 내담자는 좌절감을 느낀 상황에서 자녀가 자신을 괴롭히려는 것 같았고 거부하는 것처럼 느껴지는 것이 두려웠고, 그래서 자녀에게 소리를 지르거나 야단치며 때리기도 했다고 하였다.

　내담자가 원하는 것은 자녀가 바르게 행동하는 것이라고 말하며 원하는 것을 얻기 위한 행동을 탐색하였다. 내담자는 자녀의 특성을 이해하고 단호하게 한 마디로 짧게 말할 것이라고 하였고, 자녀의 이름을 부르면서 자녀와 꾸준히 눈을 맞추겠다고 하였다. 그리고 자녀가 내담자를 미워해서 하는 행동이 아니라고 스스로에게 계속 말해 주겠다고 하였다.

사례 2.

지적장애, 초등학교 1학년 여학생의 어머니

내담자는 자녀를 보고 있으면 늘 불안하고 매일매일이 좌절감의 연속이라고 하였다. 자녀와 함께 있어도 마음이 편안하고 싶다고 하며 휴식과 편안함을 초록색 도화지를 선택하였다. 내담자는 좌절감을 느끼는 상황을 찾아 도화지에 붙였다.

초등학교에 입학하고 자녀의 같은 반 친구들을 집으로 초대했다고 하였다. 거실에서 내담자와 함께 있을 때는 아이들이 옆에서 말도 걸어 주는 것 같고, 자녀가 건네주는 장난감을 받아 주기도 해서 안심이 되었다고 하였다. 그런데 어른들이 보지 않는 자녀 방에 가서는 아이들끼리만 모여서 놀고 있는 모습을 보고 깜짝 놀랐다고 하였다. 자신의 자녀는 같은 공간에 함께 있지만 놀이에 끼지 못하고 조금 떨어져서 구경만하고 있는 모습을 보면서 좌절감을 느꼈다고 하였다.

마트에 갔을 때 자녀가 물건을 사달라고 했는데 필요없는 것이라서 안된다고 하며 물건을 사주지 않겠다고 했더니 고집을 부리며 바닥에 드러눕고 소리를 질렀다고 하였다. 마트 안에 있던 사람들이 다 쳐다보는 것 같았다고 자녀가 너무 큰 소리로 울어서 창피하고 모르는 척하고 싶기까지 했다고 하였다. 안된다고 해도 막무가내로 고집을 부리는 자녀에게 너무 화가 나서 사람들이 보는 앞에서 때리기 까지 했다고 하였다. 때려도 소용이 없이 소리지르는 자녀를 끌고 마트를 나왔을 때는 정말 절망적이었다고 하였다.

자녀가 자동차가 다니는 길거리에서 뛰어다닐 때, 위험한 행동인지도 모르는 자녀를 보면서 가슴이 무너진다고 하였다. 어린이 집을 다닐 때는 건물을 나설 때마다 혼자 뛰어 나가서 골목에서 지나가는 차들이 갑자기 서는 일이 많았고, 길거리에서 사람을 쳐다보거나 호기심이 가는 것을 쳐다보다가 장애물에 부딪혀서 넘어지는 일도 많다고 하였다. 조심하지 않아서 넘어지고 다치는 자녀를 보면 너무 안타깝다고 하였다.

내담자는 야외에서 활동하는 사진을 붙이며 별로 이야기하고 싶지 않은 부분인데 자녀가 길에서 아무에게나 말을 걸 때 좌절감을 느낀다고 하였다. 내담자의 얼굴이 뜨거워지고 부끄럽게 느껴졌다고 하였다. 자녀가 입을 다물고 가만히 있으면 일반 아이처럼 보일텐데 상황에 맞지 않게 너무 뜬금없이 지나가는 사람 아무에게나 말을 거니까 사람들에게 너무 모자란 아이처럼 보일 것 같아 속상하다고 하였다.

자녀가 의자에 가만히 앉아 있는 것이 안 되고 돌아다녀서 외출을 하면 내내 붙잡고 있어야 한다고 하였다. 외식을 하러 가면 자녀를 잡고 있느라 식사를 제대로 할 수 없을 때가 많고 '앞으로도 계속 이렇게 살아야 하는 건가.' 하는 생각이 들 때는 체한 것처럼 꽉 막힌 느낌이 든다고 하였다.

자녀가 먹는 것에 너무 집착을 해서 음식 사진을 두 개 선택했다고 하였다. 자녀가 땅에 떨어진 음식도 어느 순간에 주워서 먹고 있는 것을 보면 그동안 자신이 무엇을 가르쳤는지 모르겠다는 생각이 들고 답답하다고 하였다. 먹을 것을 안 주는 것도 아닌데 다른 사람들이 보면 자신이 밥도 안 주는 나쁜 엄마처럼 보일 것 같아서 집 밖에서 음식을 먹을 때는 신경이 곤두선다고 하였다.

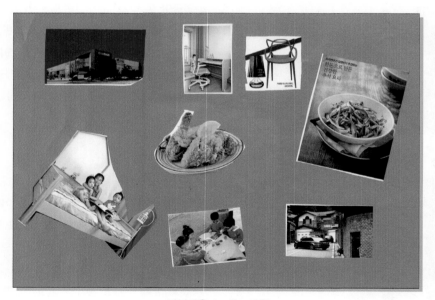

좌절감을 느끼는 상황

내담자는 편집기능을 사용하여 사진을 변형 시키는 것이 신기하고 재미있다고 하며 다양한 작품을 만들었고 그중 3개를 선택하여 출력하였다.

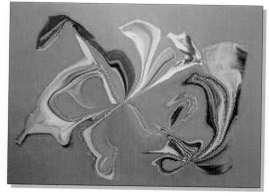

변형 1

'변형1'을 보면서 잡지를 붙여놓은 형태가 없어지니까 좌절감을 느끼던 상황이 사라지는 것 같아서 기분이 좋다고 하였다. 자신의 좌절감이 사라지면 앓고 있던 이가 빠진 것처럼 시원할 것 같고, 아무런 걱정 없이 마음껏 웃을 수 있을 것 같다고 하였다. 비슷한 감정을 느낄 때를 찾아보도록 하자 자녀가 잠든 모습을 볼 때는 평화로워 보이고 자신도 평온한 마음이 들고 자녀가 사랑스럽기만 하다고 하였다.

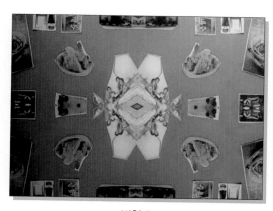

변형 2

좌절감을 느꼈던 순간이 반복되어 감정이 증폭되어서 더 커지는 것 같아 보인다고 하였다. 좌절감을 느낀 순간을 생각하면 할수록 불안도 같이 커지는데 그대로 두면 빠져나올 수 없는 곳에 갇힐 것만 같은 공포스러움이 느껴진다고 하였다. 자녀의 잘못된 행동과 못하는 것에 초점을 맞추다 보면 계속 그것만 보이고 빨리 좋아지지 않는 자녀가 힘들게만 보여 막막하다고 하였다. 치료사가 반대로 생각해 보도록 권유하자 자녀가 잘한 것을 이렇게 많이 생각하면 기분이 좋아질 것 같다고 하였다.

변형 3

과학시간에 현미경으로 식물세포를 관찰하던 것이 떠오른다고 하며 눈에 보이지 않는 세상을 볼 수 있다는 것이 너무 신기하고 재미있었다고 하였다. 내담자는 좌절하는 상황에서 다른 이면을 볼 수 있을지 생각해 보니 자신은 자녀가 음식에 집착하는 것을 보는 것이 괴롭지만 자녀는 자기가 좋아하는 음식을 먹고 있는 그 순간은 행복하겠다는 생각이 들었다고 하였다.

좌절감을 느끼는 상황에서 내담자는 자신이 자녀를 잘못 키운 엄마로 느껴지는 것이 두려웠다고 하였다. 내담자는 자녀가 사람들에게 말을 걸 것 같으면 미리 계속해서 작은 소리로 "말 걸지마, 그냥 지나가."라고 말하기도 하였고, 드러누워 떼를 쓰고 울 때는 자신도 모르게 감정이 폭발해서 사람들이 보는데도 자녀를 엄청 때렸다고 하였다.

내담자가 좌절감을 느끼는 상황에서 원하는 것은 사람들이 자녀에게 장애가 있지만 잘 배웠다는 말을 듣는 것이라고 하였다. 원하는 것을 얻기 위해서 내담자는 사람들이 있을 때만 말을 걸지 말라고 미리 이야기하는 것이 아니라 일상 속에서 왜 느닷없이 아무에게나 말을 거는 것이 실례가 되는지 자녀에게 가르쳐 주고 사람들이 당황하거나 불편해할 수 있다는 것을 자녀가 잘 이해할 수 있도록 가르쳐야 할 것 같다고 하였다.

▌Tip

1. 스마트폰 카메라 애플리케이션의 기능을 충분히 익히는 시간을 가지도록 한다.

2. 장애부모가 과거 탐색이 가능할 경우 현재 느끼는 좌절감과 유사한 경험을 했던 어린 시절의 경험을 떠올려 보도록 하고, 현재의 좌절감과 연관성을 찾아보도록 한다.

3. 스마트폰 카메라 애플리케이션에는 Photo Warp, Mirror Photo, Dwarf Camera 등이 있다.

2 좌절감 재구성

▌목표

1. 좌절감을 느끼는 상황을 인식할 수 있다.
2. 좌절감의 에너지를 변형하여 새로운 형태로 사용할 수 있다.

▌준비물

두루마리 화장지, 그릇, 물

▌활동방법

1. 자녀의 장애로 인해 좌절감을 느낀 상황을 생각한다.
2. 자녀의 장애로 인해 느낀 좌절감의 양만큼 화장지를 푼다.
3. 좌절감을 느꼈을 때 어떠한 신체반응을 느꼈는지 떠올려 본다(목이 뻐근하다, 심장이 조여든다, 다리가 떨린다 등).
4. 좌절감을 느낄 때 감각을 느끼는 신체 부위에 화장지를 풀어서 느낀 감각의 크기만큼 감는다(좌절감이 커서 어깨가 내려앉는 듯한 감각을 느꼈다면 좌절감의 양만큼 여러 번 어깨를 감는다). 좌절감을 시각화하여 신체에 미치는 영향의 크기에 대해 탐색한다.
5. 몸에 감긴 두루마리 화장지를 풀어서 좌절감을 나타내는 형상을 만든다.

6. 좌절감을 느낀 상황에서 무엇이 두려웠는지 탐색한다.

7. 좌절감을 형상화시킨 화장지를 접고, 뭉치고, 뜯고, 찢은 후 물에 적시고 주물러서
   반죽처럼 만든다.

8. 물에 젖어 반죽이 된 화장지로 새로운 모양을 만든다.

9. 좌절감에는 신체에 미치는 영향처럼 에너지가 있음을 인식하고, 좌절감이 화장지
   와 같이 변형 가능한 에너지라면 어디에 어떻게 사용하고 싶은지 이야기 나눈다.

10. 활동 후 느낀 점에 대해서 이야기 나눈다.

사례 1.

지적장애, 초등학교 6학년 남학생의 어머니

　내담자가 좌절감을 느끼는 상황은 자녀의 장애에 대해 걱정스러운 감정을 표현할 때 "그렇게 해서 장애가 있는 아이를 어떻게 키우겠냐"라고 하며 소녀 감성으로는 장애자녀를 키울 수 없다고 배우자가 자신에게 화를 냈던 일이었다. 내담자에게 이 경험은 너무 큰 좌절이었다고 하였다. 자신이 자녀에게 도움이 되지 못한다는 '무가치감'이 느껴졌고, 감정을 표현하는 것은 잘못된 행동이라는 생각으로 자책을 했다고 하였다.

　내담자는 좌절감을 느낄 때 가슴이 답답하고 눈물이 난다고 하였다. 가슴에 화장지를 다섯 번 두르고, 눈에 두 번을 감았다. 화장지를 감고 잠시 그 느낌을 느껴 보도록 하자 가슴에서 열이 나는 것 같고 숨 쉴 때 조심스러워서 긴장이 된다고 하였다.

　내담자는 화장지를 풀어서 뭉쳤다가 다시 펼쳐서 비비기를 반복하다가 책상 위에 던져 놓았다. 화장지를 풀어서 좌절감의 모습을 표현한 것은 오래 써서 헤어진 걸레 같고, 쓰레기통에 버리고 싶다고 하였다.

좌절감: 헤어진 걸레

내담자는 화장지를 마구 찢은 후, 물에 넣어서 저으며 긴장이 풀어지는 것 같다고 하였다. 물에 적셔진 화장지를 손으로 꼭 짜서 뭉쳐진 것으로 좌절감을 변형한 것은 꽃이었다. 내담자는 꽃을 좋아하는데, 배우자에게는 한 번도 꽃을 선물 받아 본 적이 없다고 하며 자신이 만든 꽃은 자기 자신에게 주는 선물이라고 하였다.

내담자는 좌절감이 변형이 가능한 에너지라면 아이가 존재만으로 사랑스러운 아이인 것처럼 자신이 장애자녀에게 큰 도움이 되지 않더라도 자신 또한 가치 있는 사람이라고 자신에게 말해 주고 싶다고 하였다. 그리고 배우자에게 자신이 감정을 이야기할 때 가만히 들어 주고 "그랬구나."라고 말해 달라고 이야기를 하겠다고 하며 자신을 응원하는 데 에너지를 쓰고 싶다고 하였다.

좌절감 변형: 꽃

사례 2.

발달장애, 초등학교 4학년 남학생의 어머니

내담자가 좌절감을 느끼는 상황은 자녀가 학교에서 친구들에게 놀림을 받아도 모른다는 이야기를 들을 때라고 하였다. 놀리는 자녀의 친구들도 밉고 화가 나지만 그것도 모르는 자녀를 보면 마음이 무너지는 것 같다고 하였다. 학부모 모임에 가거나 친구들을 만나면 아이들이 자기들끼리 어울려 잘 노는데 내담자의 자녀는 자신이 챙겨 보지 않으면 안되어 '다 잘 사는데, 나의 아이만 장애가 있다.'는 생각이 들고 좌절감을 느낀다고 하였다. 그래서 내담자는 자녀가 결점이 있기 때문에 외모를 잘 가꾸어야 한다고 생각하고 자녀의 얼굴에 수염이 나는 것이 싫고 얼굴을 하얗게 하려고 애를 쓴다고 하였다.

좌절감을 느낄 때 신체반응은 두통으로 머리가 아프고, 어지럽다고 하였다. 또, 소화가 잘 안 되는 편인데 학부모 모임에 다녀온 날은 체하거나 다음 날 새벽에 위궤양으로 잠을 설친다고 하며 화장지를 머리에 세 번 두르고 배에 네 번 둘렀다. 내담자는 좌절감이 자신의 신체에 많은 영향을 주고 있음을 새삼스럽게 느끼게 되었다고 하였다.

내담자가 만든 좌절감의 모습은 빠르게 달리고 있는 타조 같고 너무 빨라서 타조의 꼬리만 보이는 모습이라고 하였다. 타조가 무서우면 땅속에 머리만 넣고 숨는데 내담자의 좌절감은 그때그때 창피해서 눈만 가리고 있는 모습이라 문제는 해결되지 않은 상태로 남아 있다고 하였다.

좌절감: 타조

내담자는 좌절감을 표현한 화장지에 물을 적셔서 주무르며 부드러운 느낌이 좋다고 하였다. 좌절감을 변형해서 음표를 만들었다. 음악을 들을 때처럼 즐겁게 자녀를 교육하고 싶은 마음이라고 하였다.

자녀에게 장애가 없었더라도 자신은 지금처럼 자녀를 데리고 교육을 받으러 다니며 더 좋은 교육이 없는지 알아보고 더 향상되기를 바라는 기대가 있었을 것이고 자녀 또한 장애가 있든지 없든지 매우 바빴을 것이라고 하였다. 내담자는 좌절감이 변형이 가능한 에너지라면 창피해하지 말고 다른 아이들과 비교하지 말고 자신의 자녀를 교육하는 데 에너지를 써야겠다고 하였다.

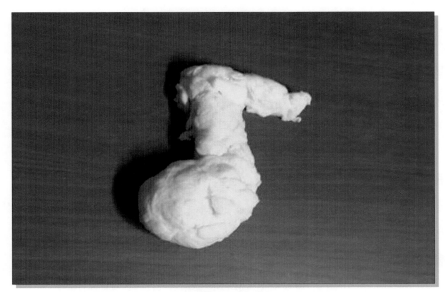

좌절감 변형: 음표

3 다시 피는 희망

목표

1. 자녀의 장애로 인한 좌절감을 시각적으로 털어내는 경험을 할 수 있다.
2. 자녀의 장애로 인한 좌절감을 회복하고 새로운 희망을 가질 수 있다.

준비물

나뭇가지, 스티로폼 조각, 습자지 조각, 스티커, 스프레이 접착제 또는 풀과 붓, 네임펜

활동방법

1. 봄이 되어 벚꽃이 피면 일주일도 지나지 않아 순식간에 떨어지지만 곧 새잎을 틔우는 과정에 대해 이야기를 나눈다.
2. 스티로폼 조각에 나뭇가지를 끼워서 자녀를 상징하는 나무를 만든다.
3. 자녀에게 가졌던 희망과 기대했던 것들에 대해 탐색하여 스티커에 적은 후 나뭇가지에 가볍게 붙인다.
4. 나뭇가지에 붙은 스티커를 손가락으로 치거나 입으로 불거나 흔들어 떨어뜨려서 자녀의 장애로 인해 느꼈던 좌절감을 시각화한다.
5. 자녀에게 가졌던 기대가 떨어진 나무를 보며 어떠한 느낌이 드는지 이야기 나눈다.
6. 가지만 남은 나무를 그대로 둘 것인지, 잎을 틔우고 열매를 맺을 것인지 선택에 따

라 나무가 어떻게 달라질 것인지 생각한다.

7. 나뭇가지에 풀을 붓으로 바르거나 스프레이접착제를 분사한다.

8. 새로운 희망으로 성장할 자녀를 기대하며 나무에 작게 자른 습자지 조각을 뿌린다.

9. 새로운 잎이 붙은 나무를 보면서 자녀에 대해 어떤 새로운 희망을 가지고 싶으며,
   어떤 열매를 맺고 싶은지 이야기를 나눈다.

10. 활동 후 느낀 점에 대해서 이야기 나눈다.

사례 1.

내담자는 나뭇가지를 스티로폼에 꽂아서 자녀를 상징하는 나무를 만든 후, 나무가 너무 약해 보인다고 하였다. 나무가 튼튼하게 뿌리 내리면 좋겠다고 하면서 매체장에서 작은 돌을 가져와 주변을 꾸며 주었다.

내담자는 독신으로 살 것이라고 생각했는데 나이가 들어 남편을 만나고 결혼을 하게 되어 불임클리닉을 다니며 어렵게 자녀를 가지게 되었다고 하였다. 임신을 확인하고 나서 직장을 그만두고 좋은 것만 보고 좋은 음식만 먹고 태교요가도 배우면서 자녀가 태어나기를 기다렸다고 하였다. 자녀와 마당에서 뛰어놀고 텃밭도 함께 가꾸며 자연과 더불어 키우려고 주택으로 이사도 했고 '공부를 잘하기보다 인성이 바른 건강한 아이로 길러야겠다, 커서 자기가 좋아하는 것을 시켜야겠다, 연애 많이 해 보라고 해야겠다. 혼자는 외로우니까 형제가 있으면 좋겠다.'는 바람을 가지고 있었다고 하였다.

자녀를 상징하는 나무

자녀에게 가졌던 희망이 붙은 나무

내담자의 자녀는 미숙아로 태어나 생명이 위험했고, 인큐베이터에 들어가서 살더라도 장애가 불가피하다는 소식을 들었을 때, 다른 욕심 부리지 않고 그저 살아만 주기를 기도했다고 하였다. 자녀에게 가졌던 기대가 떨어진 나무를 보고 있으니 병원에서 자녀를 데리고 나와 처음으로 집으로 가던 날이 생각나는데, 그날 자녀에게 살아 주어서 고마웠고, 배우자와 함께 많이 울었던 기억이 난다고 하였다. 어쩌면 헛된 기대는 떨어지고 정말 중요한 것만 남은 거 같다고 하였다.

자녀에게 가졌던 희망이 떨어진 나무

나뭇가지에 풀칠하기

내담자는 자녀가 특수교육을 받으며 손상되었던 발달의 부분을 채워 나가는 모습을 보며 다행이라는 생각이 들었다고 하였다. 연필을 집어 주면 던지며 놀던 자녀가 자기 이름의 첫 글자를 따라 썼을 때는 감격했고, '느리더라도 조금씩 배워 가는구나.' 하는 생각에 안심되고, 든든한 마음이 들었다고 하였다. 자녀의 작은 성장을 함께 기뻐하면서 희망적으로 바라보는 부분이 있다고 하였다.

　　내담자는 자녀가 밀가루 반죽을 주무르는 것을 좋아하고 내담자가 주방에서 음식을 할 때 옆에서 오이를 써는 흉내를 내기도 하며 관심을 보인다고 하였다. 자녀는 배우는 속도가 느리지만 조금씩 가르치면 간단한 요리 정도는 할 수 있을 것 같다고 하며 자녀가 만들어 주는 음식을 먹어 볼 수 있다는 희망을 가져 봐야겠다고 하였다. 내담자는 장애가 있어서 '안 된다.'는 생각보다 '된다.'는 생각을 가지고 할 수 있는 만큼은 가르쳐 보겠다는 생각을 하게 되었다고 하였다.

습자지 조각 뿌리기

다시 꽃핀 나무

사례 2.

자폐스펙트럼장애, 초등학교 1학년 남학생의 어머니

내담자는 자녀에게 큰 기대는 없었고 사랑을 듬뿍 주고 싶은 마음이었다고 하였다. 시댁에서는 남편이 장남이라 기대를 많이 했고 아들을 가졌다는 걸 알게 되었을 때부터 몸조심하라고 집안일 하는 사람을 보내 주셨다고 하였다. 하지만 자녀가 장애진단을 받자 내담자는 죄인이 된 느낌이었고 둘째를 빨리 가지라고들 했는데 장애가 있는 자녀를 돌보려면 둘째는 생각할 수가 없었다고 하였다. 자녀에게 가졌던 기대가 떨어진 나무를 보면서 자녀가 정말 아무 기대도 가질 수 없는 막막한 상태처럼 보여 갑갑한 느낌이 들고 이 나무를 그대로 두면 내담자가 우울증에 걸릴 것 같다고 하였다.

자녀를 상징하는 나무

자녀에게 가졌던 희망이 붙은 나무

내담자는 나뭇가지를 고쳐 꽂으며 튼튼하게 잘 뿌리 내리면 좋겠다고 하였다. 나뭇가지에 스프레이 접착제를 뿌리고 습자지 조각을 뿌려 잎을 붙이면서 생각보다 쉽게 잎이 붙어서 신기하다고 하였다. 내담자는 "사실은 요즘 많이 지쳐 있었어요."라고 하였다. 1년 동안 부산과 서울을 오가며 죽을 힘을 다해 교육을 시켜서 한참 좋아지다가 초등학교를 입학한 후 학교에서 울고 고집부리고 상동행동도 많아졌으며 교육을 해도 자녀가 달라지는 것 없이 멈춰 있는 것같이 느껴졌다고 하였다. 잎을 처음 뿌릴 때는 조금 붙고 더 뿌리니까 조금 더 붙어서 나중에는 풍성해지는 것을 보며 자녀도 이렇게 조금씩 배우고 조금씩 좋아졌었다는 것이 생각이 났다고 하였다. 자녀가 일반학교에 적응하는 것이 목표이고 학교에서 대소변을 보는 것이 제일 첫 과제라고 하며 희망을 가지고 다시 조금씩 해 보아야겠다는 생각이 든다고 하였다.

다시 꽃핀 나무

4 나만의 노하우

짚고 가기

장애를 가진 자녀를 키우는 다른 부모의 이야기는 장애아동 부모에게 큰 위안과 용기를 줄 수 있다. 장애아동으로 인한 양육의 어려움이 자기 혼자만 경험하는 것이 아니라 장애아동 부모 모두가 경험하는 것이라는 동질감은 비장애아동 부모들 속의 장애아동 부모를 고립되지 않고 안도하게 한다. 비슷한 문제를 가지고 있는 이들이 어려움을 공유하고 사회적 지지 체계를 만들어 가는 것은 장애아동 부모의 적응을 돕고, 장애아동 양육 스트레스를 줄이는 데 도움이 된다.

장애자녀를 양육하면서 만들어진 자신만의 노하우를 나누는 과정은 양육효능감을 높이는 중요한 활동이다. 장애자녀의 양육은 초등학교나 중학교를 졸업하면 끝이 나는 것이 아니라 평생에 걸친 과정이므로 지속적인 양육과정에서 정보를 공유하고 자신도 정보 제공자가 되는 경험은 장애아동 부모로서의 적응을 도울 수 있다. 또 장애아동을 양육하면서 얻게 된 노하우를 알려 주며 타인에게 기여하는 활동은 타인과의 소통과 교류의 즐거움을 느끼고 사회에 소속되어 있는 자신의 모습을 발견하여 안정감을 느낄 수 있도록 도울 수 있다. 그리고 장애아동 부모가 만족스러운 삶을 누리도록 하는 데 도움이 된다.

함께 가기에서는 장애자녀를 양육하면서 힘들었던 시기를 극복했던 경험을 떠올리며 유용하고 도움이 되었던 노하우들을 찾아서 열매로 표현하고, 노하우를 축적해 가는 자신을 격려하는 시간을 가질 수 있다. 장애자녀를 양육하는 데 도움이 된 자신의 긍정적인 특성을 표현하기 위해 염색을 활용할 수 있다. 그리고 장애자녀로 인해 기쁘고 행복했던 순간을 기록한 사진을 염색된 손수건에 배치하면서 고통을 아름답게 변화시킨 자신의 효능감을 강화할 수 있다. 자신의 양육노하우를 사람들에게 전달할 수 있도록 짧은 원고를 만들고 강연을 시연하는 경험을 통해 자기효능감과 더불어 사회적 소속감을 높일 수 있다.

감 잡기

▌목표

1. 장애자녀를 양육하며 직접 경험하여 얻게 된 깨달음을 인식할 수 있다.
2. 장애자녀를 양육하는 노하우를 축적해 가는 자신에게 긍정적인 메시지를 줄 수 있다.

▌준비물

도안(감), 단어 목록(감 단어), 도화지, 채색도구, 가위, 풀

▌활동방법

1. 여러 가지 감 단어(예: 실망감, 우울감 등)를 적어 놓은 단어 목록을 보고 자녀를 양육하며 없애기 위해 노력하여 떨어뜨렸거나 앞으로 떨어뜨려야 할 감과 노력하여 열매 맺었거나 앞으로 열매 맺고 싶은 감은 어떤 것들이 있는지 살펴본다.
2. '감 잡았다.'는 표현에 대해 생각한다(예: 감이 왔다, 느낌이 왔다, 이제 알겠다 등).
3. 장애자녀를 양육하며 지나온 시간을 돌이켜 보고 힘들었던 시기를 극복했던 경험을 떠올린다.
4. 사소하지만 유용하거나 성공적이었다고 생각되는 자신만의 양육 노하우를 도안(감)에 적는다.

5. 장애아동 양육에 대해 노하우를 축적해 가는 자신을 나무로 표현하고 도안(감)을 나무에 붙인다.

6. 노하우를 축적해 가는 자신에게 긍정적인 메시지를 준다.

7. 활동 후 느낀 점에 대해서 이야기 나눈다.

사례 1.   자폐스펙트럼장애, 중학교 1학년 여학생의 어머니

내담자가 떨어뜨려야 할 감은 '실망감, 압박감, 패배감, 혼돈감, 피곤감'이라고 하면서 '피곤감'을 가장 먼저 떨어뜨리고 싶다고 하였다. 노력하여 열매 맺은 감은 '안도감'이고 앞으로 열매 맺고 싶은 감은 '자존감, 유쾌감, 친근감, 기대감'이라고 하였다.

장애자녀를 양육하며 성공적이었던 노하우는 '지독한 일관성'으로 자녀에게 똑같이 대하는 것, 잘할 때까지 '매일 반복'하는 것, 자녀가 이상행동을 할 때 '원하는 게 뭘까?'라고 생각해 보고 원인을 찾아서 해결해 주어 이상행동을 없애는 것이라고 하였다. 또 밥을 먹는 것이나 옷을 입는 것이나 신발을 신는 것 등의 사소한 것이라도 자녀가 '직접' 하도록 기다려 주는 것이라고 하였다. 아주 오래 걸리지만 그래야 자녀가 할 수 있는 것이 많아진다는 것을 경험했다고 하였다. 너무 힘들 때 자녀가 "엄마 사랑해요."라고 한마디 하면 마음이 녹아서 무엇이든 할 수 있는 힘이 생기는데, 힘들 때 그 모습을 생각하는 것도 힘든 시기를 이겨 내는 자신의 노하우라고 하였다.

잡은 감

내담자는 자신의 나무를 시골마을 앞에 있는 큰 나무처럼 뿌리가 튼튼하고 새잎이 난 모습으로 표현하였다. 장애자녀를 키우며 힘든 시기의 흔적으로 나무에 상흔을 그려 넣었고, 뿌리가 튼튼하고, 근본적인 틀이 든든해서 힘든 시기를 잘 견뎌 낼 것이라고 하였다. 내담자에게 든든한 뿌리는 가족이고 자신의 가족이 서로에게 의지가 되어 힘든 시기를 잘 견딜 수 있을 것이라는 희망이 있다고 하였다.

내담자는 노하우를 생각해 보면서 자신이 생각했던 것보다 많은 열매를 맺은 것 같다고 하며 자신에게 "수고했어. 오늘도."라고 말해 주고 싶다고 하였다. 내담자는 자녀의 장애 문제가 사회의 문제라고 생각하고 장애자녀들이 부모로부터 떨어져서 각자가 잘 살 수 있는 사회가 되었으면 좋겠다고 하며 기회가 되면 자신이 사회활동을 하고 싶다고 하였다.

감나무

사례 2.

내담자가 떨어뜨리고 싶은 감은 '분노감, 불안감, 우울감'이고 상담을 통해 떨어뜨린 감은 '패배감, 억울감'이라고 하였다. 앞으로 열매 맺고 싶은 감은 '안도감, 기대감, 뭉클감, 열중감'이라고 하였다.

그동안 자녀를 양육하며 얻은 노하우는 '선택과 집중'이라고 하였다. 언어나 인지 영역의 학습에 비해 운동을 집중적으로 연습하고 지도하였고, 그 결과 자녀가 집중을 유지하는 시간이 길어지고, 상동행동이 많이 줄어들었다고 하였다. 또 다른 노하우는 '우선순위'라고 하였다. 순서를 정하고 난 후부터는 우선순위에 있는 것은 꼭 하고, 순위가 낮은 것은 하지 않아도 강박적으로 불안해하지는 않게 된 것 같다고 하였다. 그리고 "종교를 노하우라고 해야 할지 모르겠지만 저에게 도움이 되었어요."라고 하며 앞으로도 여러 가지 문제들이 있겠지만 종교적인 믿음이 가족을 하나로 뭉치게 만들고 있고 힘든 시기를 딛고 일어서는 힘이 되고 평안을 준다고 하였다.

잡은 감

　　내담자는 뿌리가 깊고 굵은 나무로 자신을 표현하였다. 큰 태풍이 지나간 흔적으로 나뭇가지가 부러지고 잎은 대부분 떨어진 상태이지만 나무는 아직 살아 있고 몇 개 붙어 있는 잎이 희망이 있다는 것을 보여 주는 것이라고 설명하였다. 어린 시절 어머니에게 받았던 사랑이 내담자에게 깊은 뿌리가 되어 준 것 같고 그래서 나무가 튼튼해 보인다고 하였다. 이 나무를 보니 어머니 생각이 난다고 하며 어려움을 극복하고 있는 내담자의 모습이 어린 시절 자신의 어머니와 닮았다고 하였다. 어머니가 강한 분이었기 때문에 자신도 어머니처럼 강한 사람이라는 생각이 든다고 하였다. 자신에게 보내는 긍정적인 메시지로 "어머니는 강하다. 잘했다. 장하다. 돌아가신 엄마가 보시면 기특하다 하실 거다."라고 말해 주고 싶다고 하였다. 이야기를 나누면서 내담자는 열매를 보고 새들이 날아오고, 뿌리로 더 많은 양분을 빨아들여서 기둥이 더 튼튼해지고 잎도 더 풍성해진 나무가 될 것이라고 하며 그림을 추가하여 그려 주었다.

감나무

▍Tip

1. 나무는 색한지를 이용해서 나무줄기와 수관을 만들어 입체적인 작품을 구성하는 방법도 있다.

2. 양육에 도움이 되는 자신만의 혼잣말, 명언을 작성하도록 해도 좋다.

3. 감 단어목록

실망감	압박감	짜증감	난처감	뭉클감
절박감	패배감	혼돈감	무안감	생생감
허탈감	굴욕감	막막감	민망감	평온감
공허감	불안감	피곤감	기대감	고요감
여유감	공포감	침울감	어색감	안도감
적대감	우울감	지루감	충만감	흡족감
분노감	찌질감	따분감	포만감	친근감
수치감	답답감	불편감	유쾌감	신뢰감
자신감	쓸쓸감	명랑감	상쾌감	확신감
자만감	억울감	짜릿감	개운감	활기감
자존감	흥분감	흐뭇감	감격감	열중감

2 노력의 결실

▌목표
1. 장애자녀를 양육하는 데 도움이 되는 자신의 긍정적인 특성을 인식할 수 있다.
2. 자녀로 인해 기쁘고 행복했던 순간들에 도움이 된 자신의 긍정적인 특성을 살펴보며 효능감을 높일 수 있다.

▌준비물
손수건, 장애자녀 사진, 고무줄, 염색물감, 드라이어, 풀

▌활동방법
1. 손수건의 용도에 대해 생각해 보고 자녀를 키우며 자녀의 코를 닦아 주고, 자신의 땀과 눈물을 닦아 주는 손수건의 의미에 대해 생각한다.
2. 장애자녀를 양육하면서 힘들었던 순간들을 생각하며 손수건을 고무줄로 묶는다.
3. 장애자녀 양육에 도움이 되는 자신의 긍정적인 특성(생활, 성격, 대인관계 등)을 찾는다.
4. 자신의 긍정적인 특성이 장애자녀를 양육하는 데 어떤 도움이 되는지 이야기 나눈다.
5. 자신의 긍정적인 특성을 상징하는 색을 선택하여 염색물감을 손수건에 뿌린 다음

드라이어로 말린다.

6. 고무줄을 풀어서 손수건을 펼치고 자신의 긍정적인 특성이 손수건에 아름답게 염색된 모습을 보면서 자녀를 키우며 겪었던 고통이 아름답게 변할 수 있었던 노하우는 무엇인지 이야기 나눈다.

7. 자녀로 인해 기쁘고 행복했던 순간들을 찍어 둔 장애자녀의 사진을 손수건에 붙인다.

8. 활동 후 느낀 점에 대해서 이야기 나눈다.

사례 1. 자폐스펙트럼장애, 고등학교 1학년 여학생의 어머니

내담자는 하얀 손수건을 오랜만에 본다고 하며 유아용 손수건이 생각난다고 하였다. 자녀가 태어난지 얼마 되지 않았을 때는 너무 사랑스럽고 예뻤는데 자라면서 너무 힘든 일이 많았다고 하였다. 힘들었던 순간들을 이겨 낸 자신을 생각하며 고무줄을 묶으면서 "순간순간 가슴이 무너지는 일이 많았는데……." 라고 하며 눈시울을 붉혔다.

손수건에 힘들었던 순간 고무줄로 묶기

자녀가 어릴 때는 소리만 지르고 가만히 앉아 있지도 않고 마구 돌아다니는 꼭 강아지 같았다고 하였다. 치료실에 다니면서 자녀에게 감각통합을 해야 한다고 해서 매일 하루에 세 번씩 몸을 꼭꼭 눌러 주며 압자극을 하면 자녀는 소리를 지르고 울며 버둥거리는데 한 번은 자녀가 버둥거리면서 자신을 발로 차서 얼굴이 멍이 들기도 했다고 하였다. 보는 사람마다 얼굴에 왜 멍이 들었냐고 묻는 것이 창피하기도 하고, 자녀가 너무 힘이 세서 자신의 힘으로 감당하기가 힘들었지만 치료실에서 내어 주는 과제는 빠지지 않고 했다고 하였다. 자녀가 줄넘기를 배우는데 정말 오랜 시간과 노력이 필요했다고 하였다. 처음에는 줄을 돌리는 것부터 시작해서 발 앞에 줄이 놓이면 뛰어 넘는 것까지 하나하나 동작을 가르쳐서 자녀가 줄넘기 줄을 한번 뛰어 넘는데 6개월이 걸렸다고 하였다. 그런 과정을 꾹 참고 견뎌 낸 자신의 인내심이 참 대단했던 것 같다고 하였다.

내담자는 인내심을 상징하는 색으로 자주색을 선택하였고, 자녀를 키우면서 그래도 희망은 있다고 밝게 생각한 특성은 노란색을 선택하였다. 정해진 스케줄대로 치료실을 다니고 치료실 과제를 해내는 특성은 파란색을 선택하였다.

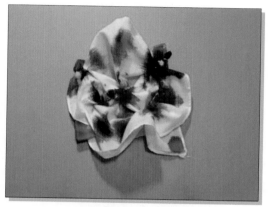

자신의 긍정적인 특성 물감 물들이기

내담자는 손수건을 펼쳐서 염색된 모습을 보면서 빨간색과 자주색이 섞여서 꽃이 핀 것처럼 보이고 노란색 위에 파란색이 겹쳐진 부분은 초록색으로 변한 부분은 꽃잎 같다고 하며 꽃다발 같은 모습이라고 하였다.

힘듦을 자신의 긍정적 특성으로 극복한 상징적 염색

　　내담자가 가져온 사진을 살펴보며 자녀로 인해 기뻤던 순간을 이야기하였다. 자녀가 학교에서 친구들과 어울리지 못하고 왕따를 당하지는 않을까 걱정이 되어 학교에 자주 찾아가고 학교에서 학예회를 하면 할 수 있는 것은 뭐든지 시켜 보려 했다고 하였다. 한번은 노래 연습을 시켰었는데 그때도 정말 엄청난 인내심으로 3개월 동안 노래 한 곡만 매일 연습해서 학예회에서 노래를 불렀다고 하였다. 자녀가 친구들 앞에서 노래를 부르고 친구들이 박수 쳐 주는 모습을 보며 큰일을 해낸 것 같은 벅찬 느낌이었다고 하였다. 자녀가 반짝이는 것을 좋아해서 루미나리에 축제에 갔는데 자녀가 불빛을 좋아하고 신기해하는 모습이 다른 사람들과 다를 것 없이 보여서 자녀에게도 희망이 있다는 생각이 들었다고 하였다. 고등학생이 되고는 컴퓨터로 그림 그리는 것을 배우고 있는데 그림을 잘 그리는 자녀의 재능을 살릴 수 있는 일을 찾고 있다고 하였다.

　　내담자는 손수건을 만들면서 자녀와 함께 한 시간들이 영화의 한 장면처럼 스쳐 지나가는 것 같고 이제까지 잘 견뎌 왔으니까 앞으로도 자신의 인내심을 무기로 자녀 양육을 잘해 보겠다고 다짐하였다.

자녀로 인해 기뻤던 순간 사진 붙이기

사례 2. 　　　　　　　　　　　　　　　　지적장애, 고등학교 3학년 남학생의 어머니

　내담자는 자녀가 특수교육을 받아야 하는 대상이었는데 초등학교 6학년 때까지 담임선생님들이 이야기를 해 주지 않아서 자녀에게 맞는 치료를 해 주지 못했다고 하며 담임선생님들에게 너무 실망스러웠고 한동안 억울한 마음으로 우울한 시기를 보냈다고 했다. 그러나 치료실에서 치료를 받기 시작하면서 아무것도 안 하려고 하던 자녀가 그래도 치료실은 꼬박꼬박 가는 걸 보니 잘 선택한 것이라는 안도감이 들었다고 하며 고무줄을 묶었다.

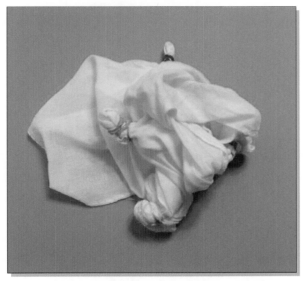

손수건에 힘들었던 순간 고무줄로 묶기

　내담자는 자녀가 학습도 느리고 말도 느리고 운동을 가르쳐도 다른 아이들보다 느려서 무엇이든 차근차근 시켰다고 했다. 자녀가 장애 진단을 받으면 불이익이 있을까 봐 미루다가 군대를 보내는 것이 너무 걱정이 되어 군대에 보내지 않으려고 고등학교에 진학하고 나서 장애 진단을 받았다고 하였다. 장애 진단을 받고 난 후에 자녀는 자신이 왜 장애냐고 화를 내고 친구들이 이상하게 생각한다고 하며 특수반에도 가지 않겠다고 하면서 1년 정도 방황을 했는데 그때 자신과는 이야기를 하지 않으려고 하는 자녀를 믿고 기다리는 것이 힘들었다고 하였다. 자녀는 치료실에서 상담을 받고 자신의 누나와도 이야기를 나누면서 학교를 계속 다니게 되었다고 하였다. 자녀가 무엇에서든 느리게 배우더라도 다그치지 않고 기다려 주며 조급해하지 않는 자신의 특성이 자녀에게 도움이 된 것 같다고 하였다.

　　내담자는 자녀에게 학습이나 운동을 시킬 때 차근차근 시키고 조급해하지 않는 자신의 긍정적인 특성을 상징하는 색으로 노란색을 선택하였다. 주변사람들이 자신을 낙천적이라고 하고 늘 밝아 보인다고 하여 노란색을 선택했다고 하였다. 그리고 자녀를 믿고 기다리는 믿음의 상징으로 파란색을 선택하였다.

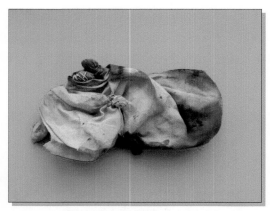

자신의 긍정적인 특성 물감 물들이기

　　노란색이 넓게 염색된 손수건을 펼쳐서 바라보며 가을에 무르익은 논처럼 보이고 한쪽으로는 강이 흐르는 시골풍경 같다고 하였다. 자녀가 대학에 합격을 한 지금은 열매를 따고 추수하는 풍성한 가을 같은 기분이라고 하였다.

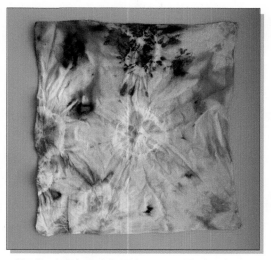

힘듦을 자신의 긍정적 특성으로 극복한 상징적 염색

　내담자에게 자녀가 기쁨을 주었던 순간을 사진으로 살펴보았다. 내담자는 앨범을 넘겨 보며 백일 사진을 찍을 때 참 잘 웃던 자녀를 보고 온 가족이 행복해했던 기억이 났다고 하였다. 누나가 특히 동생을 예뻐하고 유치원때부터 동생을 챙겨 주며 싸우지도 않고 우애 깊게 잘 지내는 모습을 보며 기뻤고 유치원에 보냈을 때는 여자친구들과 잘 어울렸었다고 하였다. 누나와 일본어를 공부하고 일본 여행을 다녀오는 것을 보면 기특하고 다 큰 것 같다고 하였다. 자녀가 대학을 갈 수 있을지 걱정이었는데 전문대학교 수시에 합격 통보를 받았을 때는 너무 감격스러웠다고 하였다.

　내담자는 앨범을 보며 자녀가 장애가 있다는 생각은 하지 않고 그 순간에 즐거웠던 것만 기억이 났다고 하면서 앞으로도 좋은 기억을 가지고 우울해하지 않고 자녀를 키우고 싶다고 하였다.

자녀로 인해 기뻤던 순간 사진 붙이기

▌Tip

염색크레파스를 이용하여 자신의 긍정적인 특성 중에 자녀를 양육하는 데 도움이 되는 특성을 대표하는 상징물을 손수건에 그려 표현할 수도 있다.

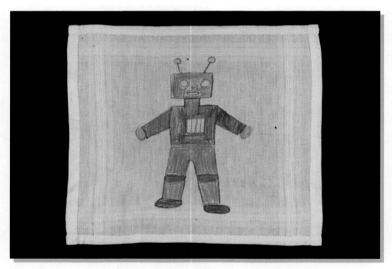

예시. 자폐스펙트럼장애, 중학교 1학년 여학생의 어머니 작품: 로봇

노하우 강연

목표

1. 장애자녀를 양육하며 얻은 노하우를 인식하고 부모로서의 양육효능감을 높일 수 있다.
2. 자신의 양육 노하우를 다른 사람에게 전달하는 과정을 준비하며 사회적 소속감을 높일 수 있다.

준비물

동영상 촬영기기(스마트폰 등), 초대장용 카드, 사인펜, 색연필

활동방법

1. 장애자녀를 양육하며 인상 깊었던 사건, 어려운 순간에 힘이 되고 도움이 되었던 사람, 장애자녀를 양육할 때 꼭 기억해야 할 것 등 장애아동 부모로서 하고 싶은 이야기를 생각한다.
2. 강연하고 싶은 내용의 개요를 작성하고 5분 정도 분량의 강연원고를 작성한다.
3. 이 강연이 누구에게 도움이 될 것인지, 누구에게 자신의 강연을 꼭 알리고 싶은지 초대 목록을 작성한다.
4. 강연의 제목과 대상, 장소, 시간, 일시, 모시는 글 등의 내용으로 초대장을 만든다.

5. 화이트보드 또는 칠판을 준비하여 강연하는 모습을 동영상으로 촬영한다.

6. 촬영한 동영상을 재생하여 보면서 자신에 대해 느끼는 감정과 생각에 대해 이야기를 나눈다.

7. 만약 초대한 사람이 자신의 강연을 듣는다면 어떤 말을 할 것 같은지 생각한다.

8. 활동 후 느낀 점에 대해서 이야기 나눈다.

사례 1.   자폐스펙트럼장애, 중학교 2학년 여학생의 어머니

내담자는 '우리 아이들을 키울 때 어제와 오늘을 비교하기보다 일 년 전과 일 년 후를 비교하면 희망이 보인다.'는 말을 꼭 해 주고 싶고 '뭘 이런 것도 가르쳐 주어야 하는가라는 생각이 들 때가 한두 번이 아니지만 절대 포기하지 말자.'는 말로 마무리를 하고 싶다고 하였다. 내담자는 '천천히 끝까지'라는 제목으로 원고를 완성하고 초대장을 만들었다.

내담자는 '자폐아를 키우시는 어머님, 장애아동을 지도하시는 담임선생님, 장애아동을 지도하시는 특수반선생님'을 초대하고 싶다고 하였다. 자녀를 키우면서 학교에 갈 때마다 선생님들이 특수아동에 대해 몰라도 너무 몰라서 답답한 일이 많았고, 선생님들에게 아이들의 장애 특성에 대해 이야기를 했을 때 도움이 많이 된다고 해서 선생님들이 알 수 있게 잘 설명해 주고 싶다고 하였다.

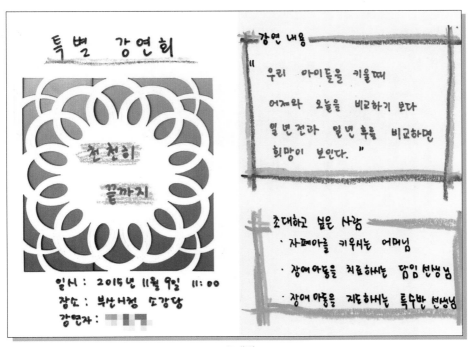

초대장

촬영한 동영상을 보면서 어색하고 쑥스러워 긴장해 있는 자신의 모습이 장애자녀와 닮은 것 같다고 하였다. 자녀가 연습을 많이 해서 하나씩 배워 나가는 것처럼 자신도 연습이 필요할 것 같다고 하였다. 초대한 사람들이 강연을 듣는다면 '도움이 되었다. 고맙다.'고 말해 주면 힘이 날 것 같다고 하였다.

강연하는 모습

사례 2.   지적장애, 중학교 1학년 남학생의 어머니

　내담자는 장애아동을 교육시키는 것 뿐만 아니라 부모교육, 상담 등을 통해 부모가 자신에 대해 이해하는 것이 중요하고 특히 우울이나 무기력감을 느낄 때 전문적인 도움을 받는 데 주저하지 말라는 메시지를 꼭 전해 주고 싶다고 하였다. 알고 있지만 실천하는 것은 어려운 일이기 때문에 자극을 받을 수 있도록 교육과 상담에 계속해서 참여하는 것이 지치지 않는 자신의 비법이라고 하였다. 또 상담을 통해 배우게 된 것인데 혼자 모든 것을 해야 한다고 생각하지 않고 주변의 도움을 받는 것이 중요하다고 하였다. 그 중에서도 남편이 자녀 양육에 참여하도록 하면 에너지 소진을 많이 줄일 수 있다고 하였다. 그리고 종교를 가지는 것이 정서적인 안정에 많은 도움이 되고 있다며 위안을 찾는 자신의 비법이라고 소개하였다.

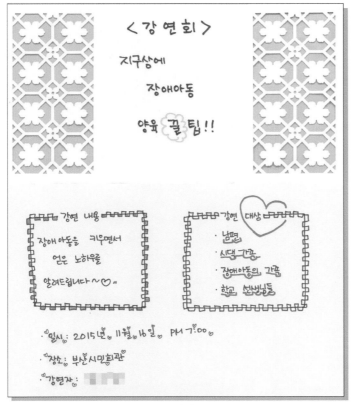

초대장

촬영한 동영상을 보면서 비법을 소개하는 자신에 대해 쑥스럽지만 뿌듯함을 느낀다고 하였다. 시댁 식구들이 강연을 듣는다면 '그동안 고생 많았다. 수고했다.'는 말을 해 주었으면 좋겠고, 다른 장애아동의 가족들이 강연을 듣고 '힘 난다, 도움이 많이 된다.'고 말해 주면 좋겠다고 하였다.

강연하는 모습

▌Tip

1. 질문목록을 만들어 치료사가 인터뷰를 하는 형식을 활용해도 좋다.

2. 활용이 가능하다면 강연용 PPT를 제작해 본다.

3. 기회가 되면 촬영한 동영상을 장애아동 부모들과 함께 보며 이야기를 나눌 수 있도록 한다.

4. 장애자녀를 양육하며 도움을 받았고 자신도 도움을 줄 수 있다는 것을 알도록 자신의 양육 노하우를 전수해 줄 수 있는 장애아동 부모와의 결연을 돕는다.

장애아동 어머니의 강연문

저에게는 중2 여자 아이가 한 명 있습니다.

우리 가족은 남편과 저, 딸 한 명 이렇게 모두 세 명입니다.

그냥 겉으로 보기에는 평범하게 보이지만 약간은 평범하지가 않습니다.

제 딸이 '자폐아'이기 때문입니다.

처음 '자폐'라는 걸 알았을 땐 20개월 무렵이었고

돌 지나고부터는 정확히는 모르겠지만 뭔가 다른 아이들과는 다르다고만

조금 느꼈습니다.

20개월부터 지금까지 '특수과목'이라는 공부를 시켰습니다.

중간 중간에 '어떻게 저런 것도 모를까, 남들은 자연스럽게 그냥 터득하는 걸…… 이런 것도 가르쳐야 되나.' 하는 생각도 했지만, 쉬지 않고, 포기하지 않고 여태껏 교육을 시키니까 남들만큼은 아니더라도 아주 조금씩 변화하는 것을 느꼈습니다.

어떤 선생님이 저에게 하셨던 말씀 중에

"우리 아이들 키울 땐 어제와 오늘을 비교하지 말고

일 년 전과 일 년 후를 비교해라, 그래야 살 수가 있다."라고 하셨습니다.

어제와 오늘을 비교하면 희망이 안 보이지만 일 년 전과 일 년 후를 비교해 보면 정말 많은 변화가 일어났습니다.

장애 아이를 키우는 부모님들은 누구나 할 것 없이 말로 표현할 수 없을 만큼 힘들고 절망적이겠지만 그래도 부모가 아이를 포기하는 일은 절대 없기를 바랍니다.

포기하지 않고 천천히 끝까지 노력하길 바랍니다.

참고문헌

고일영(2010). 장애아동 어머니의 장애수용 척도 개발 및 타당화. 대구대학교 재활과학대학원 박사
학위논문.

김미옥(2011). 부모코칭 프로그램이 부모의 분노, 양육스트레스 및 부모효능감에 미치는 효과. 경성
대학교 대학원 석사학위논문.

김차미(2012). 부모코칭 프로그램을 통한 모-자녀 상호작용 변화 연구. 명지대학교 사회교육대학원
석사학위논문.

도미향(2007). 맞벌이 어머니 지지를 위한 코칭기법의 적용 사례연구. 한국가족복지학. 제12권 3호.
p.69-89.

도미향(2010). 코치 2급 자격과정 워크숍 자료집. 한국코칭학회.

박지영(2015). 중학생의 성별, 부모의 감정코칭 양육태도 유형 및 자아탄력성의 관계. 충북대학교 대
학원 석사학위논문.

여광응, 이영재, 이은림, 심우정, 임지향, 권영화, 이성현, 윤숙경, 조용태, 강학구, 김순영, 김은희, 권
순황, 이태화, 박찬웅, 윤문숙, 김하경, 이상진, 정용석, 이점조(2003). 특수아동의 심리학적 이
해. 서울: 학지사.

이미선(2014). 부모코칭 프로그램이 아버지의 부모효능감과 자녀 상호작용에 미치는 효과. 남서울대
학교 대학원 석사학위논문.

이숙, 우희정, 최지아, 이춘아(2006). 부모교육. 서울: 학지사.

장애아동복지지원법 제2조 [시행 2013.12.5.] [법률 제11858호, 2013.6.4., 타법개정]

장애인 등에 대한 특수교육법 제3장 제 15조 [법률 제12127호, 2013.12.30., 일부개정]

존 가트맨, 최성애, 조벽(2011). 내 아이를 위한 감정코칭. 서울: 한국경제신문.

Michael H. Popkin. (2007). 부모코칭 프로그램: 적극적인 부모역할, Now!(홍경자, 노안영, 차영희, 최
태산 역). 서울: 학지사.

MEMO

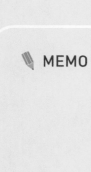 MEMO

MEMO

MEMO

저자 소개

최외선(Choi Oeseon)
영남대학교 명예교수
수련감독미술치료전문가

김갑숙(Kim Gapsuk)
영남대학교 미술치료 전공 교수
수련감독미술치료전문가

서소희(Seo Sohee)
부산인지심리연구소 소장
미술치료사

류미련(Ryu Miryeon)
부산인지심리연구소 교사
미술치료사

강수현(Kang Suhyun)
부산인지심리연구소 교사
미술치료사

조효주(Cho Hyoju)
부산인지심리연구소 교사
임상미술심리상담사 2급

박금채(Park Geumchae)
부산인지심리연구소 교사
임상미술심리상담사 2급

부모코칭, 장애아동 부모상담으로 만나는
미술치료 열두 달 프로그램 VI
Art Therapy Twelve Months Program VI
with parents Coaching, Parents of Disabled Children Counseling

2016년 10월 10일 1판 1쇄 발행
2021년 12월 10일 1판 2쇄 발행

지은이 • 최외선 · 김갑숙 · 서소희 · 류미련 · 강수현 · 조효주 · 박금채
펴낸이 • 김진환
펴낸곳 • (주) **학지사**

　　　　　04031 서울시 마포구 양화로 15길 20 마인드월드빌딩
대표전화 • 02-330-5114　　팩스 • 02-324-2345
등록번호 • 제313-2006-000265호

홈페이지 • http://www.hakjisa.co.kr
페이스북 • https://www.facebook.com/hakjisabook

ISBN 978-89-997-1088-9　93180
정가 18,000원

출판 · 교육 · 미디어기업 **학지사**

간호보건의학출판 **학지사메디컬** www.hakjisamd.co.kr
심리검사연구소 **인싸이트** www.inpsyt.co.kr
학술논문서비스 **뉴논문** www.newnonmun.com
교육연수원 **카운피아** www.counpia.com